AF176560

βάπτισμα

Die Taufe

Vom Klischee zum Symbol

Akzessarbeit von

Hans Schneider

Eingereicht bei der
evangelisch-theologischen Prüfungskommission des Kantons Bern
im Juli 1993

2. Auflage
© 2022 Hans Schneider
Alle Rechte vorbehalten
ISBN: 9783756215751
Herstellung und Verlag: BoD - Books on Demand, Norderstedt

FSC
www.fsc.org

MIX

Papier aus ver-
antwortungsvollen
Quellen
Paper from
responsible sources

FSC® C105338

Inhaltsverzeichnis

Vorwort

Des vielen Büchermachens ist kein Ende, und das viele Studieren ermüdet den Leib.[1] Um diese Erfahrung des Predigers bin auch ich beim Schreiben der vorliegenden Arbeit nicht herumgekommen, und die Warnung Christian Links, *zu Grunde geht, wer immer nach den Gründen geht,*[2] hing öfters wie ein Damoklesschwert über mir. Um so mehr bin ich nun erleichtert darüber, dass die Arbeit doch zu einem Ende gekommen ist und ich hoffen kann, von den Gründen wieder aufzusteigen in lichtere, leichtere Welten.

Am meisten zu schaffen gemacht hat mir der Anspruch der Wissenschaftlichkeit. Manchmal hatte ich das Gefühl, es wäre dringender gewesen, eine wissenschaftstheoretische Arbeit zu schreiben als eine über die Taufe. Wir befinden uns in einer wissenschaftstheoretischen Wendezeit und müssen unsere wissenschaftliche Identität neu finden. Parallel mit dem wachsenden Selbstbewusstsein und Gleichwertigkeitsanspruch der Frauen beginnen wir zu verstehen, dass die Aufklärung nicht den Sieg der Wissenschaft gebracht hat, sondern eher den Sieg einer Methode über die Wissenschaft. Die hochgehaltene klare Trennung zwischen forschendem Subjekt und dem Forschungsgegenstand ist vor allem in der Geisteswissenschaft fragwürdig geworden, und allmählich realisieren wir, dass der forschende Geist sich selbst zum Objekt hat, dass zwischen Subjekt und Objekt ein hermeneutischer Zirkel besteht, der nicht aufzulösen ist. Durch die fortschreitende Spezialisierung verlieren wir zunehmend das Ganze und damit den Sinn aus den Augen, und wir stellen fest, dass es nötig ist, die verschiedenen Teilgebiete, die verschiedenen Disziplinen und Fakultäten wieder miteinander in Beziehung zu bringen. Wir können und müssen nicht alles kausal-final erklären. Analogien, Gleichnisse, Symbole vermögen eine Sache oft besser verständlich zu machen. Das intuitiv schauende Denken ist dem rational schlussfolgernden Denken ebenbürtig, und die diskursiv digitale Sprache ist nicht die einzige Möglichkeit, Wissen zu vermitteln. Nicht nur das, was explizit gesagt wird, sondern auch die innere Kraft der Wörter und die sich daraus ergebenden Assoziationen sind wichtig.

Eine Wendezeit wirkt verunsichernd und ist zugleich eine Chance. Das Alte ist nicht mehr und das Neue noch nicht. In diesem Spannungsfeld entstand diese Arbeit. Ich habe versucht, etwas vom Neuen zu verwirklichen und bin dabei das Alte doch nicht losgeworden.

Die Taufe war für mich ein sinnleeres, von der alltäglichen Erfahrung und Vernunft abgekoppeltes Klischee. Auf drei verschiedenen Zugängen versuchte ich, dem verlorenen Sinn der Taufe wieder auf die Spur zu kommen, die Taufe wieder in Beziehung zu bringen mit Erfahrung, Vernunft und aktuellem Lebensvollzug. Verschiedene "Offenbarungen", die mir auf diesem Weg zuteil wurden, haben mich besonders beeindruckt: so etwa die verblüffende Ähnlichkeit der Taufe mit einem zwangsneurotischen Ritual, die mystische Dimension der Taufe, die mir bei der ersten Durchsicht der biblischen Tauftexte aufleuchtete oder die Gemeinschaftsbezogenheit des Menschen, die mir aus der Umfrage zur Taufe besonders deutlich wurde. Mehr und mehr ist mir die Taufe auf diesem Weg zu einem mehrdimensionalen, lebendigen Symbol für elementare Erfahrungen und Voraussetzungen menschlicher Existenz geworden.

Ausserdem war diese Akzessarbeit für mich ein Übungsfeld für einen "langen Atem", für Geduld, Ausdauer und sorgfältiges Arbeiten. Sie war auch Anlass, mich in ein Textverarbeitungsprogramm einzuarbeiten und dabei die Möglichkeiten und Tücken eines Computers kennenzulernen.

---

[1] Pre 12.12
[2] Christian Link, Vorlesung Gottesfrage und Gotteskritik, Wintersemester 92/93

Äusserer Anlass, die Arbeit zu schreiben, war, die Bedingungen zum Abschluss des Theologiestudiums zu erfüllen. Und so hoffe ich nun, mit dieser Arbeit bei Referenten und Prüfungskommission Gnade zu finden. Wenn die Arbeit darüber hinaus noch jemandem die eine oder andere befreiende oder sinnstiftende Einsicht vermitteln könnte, oder sogar Anregungen für Seelsorge, Taufgespräche oder Taufliturgie zu geben vermöchte, wäre das eine mehr als erfreuliche Zugabe.

Für das Zustandekommen der Arbeit habe ich verschiedenen Personen zu danken: namentlich Herrn Prof. Christoph Morgenthaler für die wissenschaftliche Betreuung, Frau Marianne Bühler, die als Akzessgruppenleiterin zusammen mit den andern GruppenteilnehmerInnen mit dazu beigetragen hat, dass der Weg nach den Gründen nicht auf dem Grund endete und Herrn Bruno Stadelmann, der die Arbeit zur Korrektur gelesen hat. Besonderer Dank gebührt all jenen, die mir in Gesprächen über die Taufe bereitwillig Auskunft gegeben haben und vor allen jenen, die Zeit und Mühe nicht gescheut haben, ihre Sicht sogar schriftlich zu formulieren.

Widmen will ich diese Arbeit meiner Frau, die als kritische Gesprächspartnerin bei der Entstehung dieser Arbeit mitgewirkt hat und meinen beiden Söhnen, die bisher auf eine rituelle Taufe "verzichten" mussten und nun zugunsten "der Taufe" öfters auch noch auf mich; in Physis war ich zwar mit ihnen, aber im Geiste auf der Suche nach den Gründen.

Elfenau, im Juli 1993   Hans Schneider

Einleitung

I. Formales zur Arbeit

Alles, was in dieser Arbeit dargestellt ist, auch wenn es um die Meinung anderer geht oder um sogenannte Tatsachen, ist dargestellt aus meiner Sicht. Von daher wäre die Ich-Form die einzig richtige. Trotzdem werde ich öfters in Wir-Form schreiben da, wo ich annehme, dass die Darstellung auch für Sie und andere LeserInnen dieser Zeilen gültig und unmittelbar einleuchtend ist.

Ich habe mich darum bemüht, dort, wo Frauen und Männer, Mädchen und Knaben gemeint sind, geschlechtsneutrale Formulierungen[3] zu wählen oder durch ein grosses "I" im Wortinnern deutlich gemacht, dass beide Geschlechter gemeint sind. Aber ich habe als Mann geschrieben. Die LeserInnen mögen mir deshalb den hier und dort immer noch durchschlagenden androzentrischen Sprachgebrauch verzeihen.

Zitate, derer ich mir bewusst bin, stehen in Kursivschrift. Die Quelle ist in der Regel in einer Fussnote angegeben. Im Kapitel C sind allerdings Zitate aus den Fragebogen öfters direkt im Text durch eine in Klammer stehende Zahl gekennzeichnet. Fussnotenreferenzzahlen und die Zahlen in Klammern, die auf den entsprechenden Fragebogen verweisen, stehen vor dem Komma oder Punkt, wenn sie sich nur auf einen Teil eines Gliedsatzes beziehungsweise Satzes beziehen. Wenn sie sich auf den ganzen Gliedsatz oder Satz beziehen, stehen sie nach dem Komma beziehungsweise nach dem Punkt. Fussnoten sind normalerweise durch eine kurze, waagrechte Linie vom Haupttext getrennt. Wenn Fussnoten schon auf der vorangehenden Seite begonnen haben, geht die Linie über die ganze Seite.

Abkürzungen für die biblischen Bücher und andere Abkürzungen habe ich dem Abkürzungsverzeichnis im Wörterbuch zum Neuen Testament von Walter Bauer[4] entnommen. Auf die Erstellung eines eigenen Abkürzungsverzeichnisses habe ich deshalb verzichtet.

Diverse eigene Texte, Tabellen und Zusammenstellungen, die der vorliegenden Arbeit zugrunde liegen, habe ich in einem separaten Anhang zusammengestellt.

II. Gedanken zur Wissenschaftlichkeit

Die vorliegende Arbeit ist eine Akzessarbeit. Nun stellt sich natürlich die Frage, welchen Ansprüchen eine Akzessarbeit zu genügen hat. Dazu steht in den Empfehlungen zur Abfassung von Akzessarbeiten: *Laut Prüfungsreglement ist die Akzessarbeit eine **wissenschaftliche** Abhandlung über einen frei gewählten Gegenstand aus dem Gesamtgebiet der Theologie...Es gibt unterschiedliche Arten von Wissenschaft, deshalb auch unterschiedliche wissenschaftliche Methoden... Gemeinsam ist aller Wissenschaftlichkeit eine offene, kritische Grundhaltung in Bezug auf den Gegenstand, aber auch in Bezug auf die eigenen Voraussetzungen, Interessen, Entscheidungen...Diese Arbeit kann laut Reglement auch völlig **selbständig** erarbeitet werden.[5] Bei wissenschaftlichen Arbeiten ist besonderer Wert auf die vollständige, deutliche sowie einheitliche Zitierung fremder Quellen zu legen...Vollständigkeit bedeutet, dass jede Verwendung **fremden***

---

[3] Beispielsweise steht statt Täufer die "taufende Person", statt Täufling die "zu taufende Person".
[4] Bauer Walter, Wörterbuch zum Neuen Testament, XI-XXIV
[5] Empfehlungen zur Abfassung von Akzessarbeiten, Stand April 1992, 1

geistigen Eigentums *durch genaue Quellenangabe kenntlich gemacht werden muss.*[6] Ich will versuchen, diese Empfehlungen zu beherzigen und mir vorgängig ein paar Gedanken zu meinem Verständnis von Wissenschaft und der sich daraus ergebenden Methode machen. Etymologisch gesehen besteht das Wort "wissenschaftlich" aus den beiden Wörtern "wissen" und "schaffen". So will ich vorgängig die Begriffe "wissen", "schaffen", "selbständig" und "fremdes geistiges Eigentum" genauer beleuchten.

1. Wissen

Was heisst "wissen"? Dazu erst ein kleines Beispiel:

Das Wattenmeer

In der Sekundarschule hatten wir in der Geographie vom Wattenmeer gehört. Wahrscheinlich hatte der Geographielehrer das Wattenmeer selbst nie erlebt. Aber jedenfalls "wusste" ich von daher, dass es an einer Küste Deutschlands ein untiefes Meer mit Sandbänken gibt, eben das Wattenmeer. Bestenfalls, ich weiss es nicht mehr genau, stellte ich mir noch vor, das Wattenmeer sei wahrscheinlich ähnlich wie der Neuenburgersee in Gampelen, den ich vom Baden kannte. Der war auch nicht tief und wir konnten dort auf sandigem Grund weit hinausgehen.

Nun kam ich vor ein paar Jahren tatsächlich an die Nordsee. Wir fuhren mit dem Zug nach Norddeich-Mole. Dort bestiegen wir ein grosses Schiff. Jedenfalls schien es mir gross im Verhältnis zu den Thunerseeschiffen, die mir vertraut waren. Eine Stunde lang fuhren wir nun übers Meer nach Jüst, einer der Nordseeinseln. Ein paar Birkenzweige, die hier und dort aus dem Meer ragten, fielen mir zwar auf, aber ich schenkte ihnen weiter keine Beachtung. Auf der Insel mieteten wir Fahrräder und suchten anschliessend eine Unterkunft. Als ich nach etwa zwei Stunden vom Zimmer aus einen Blick aufs Meer werfen wollte, war das Meer nicht mehr da. Eine riesige nasse Sandfläche mit ein paar Wasserpfützen war da, wo eben noch das Meer war, welches wir in einer stündigen Fahrt mit dem grossen Schiff überquert hatten.

Nun wusste ich: Das war also das Wattenmeer, von dem ich in der Schule gehört hatte. Es war ganz anders als der Neuenburgersee in Gampelen.

Dieses Beispiel macht deutlich, dass der Wirklichkeit gemässes Wissen nur da zustande kommt, wo ein Begriff, in diesem Beispiel "Wattenmeer" und die dem Begriff zugrundeliegende Erfahrung im Subjekt zusammenkommen. Wissen *drückt den am Subjekt erreichten Zustand aus, der durch die Handlung...'finden (erkennen, erblicken)' erreicht wird, also "ich habe gefunden/erkannt" = "ich weiß".*[7] Wissen können wir eine Sache also nur dann, wenn wir sie suchen, wenn wir sie aufsuchen, zu ihr hingehen, zu ihr hinfahren, sie erfahren, das heisst sie finden, sie erblicken, sie mit all unseren Sinnen als das erkennen, was sie uns an jenem Ort zu jener Zeit ist.

Wissen ist immer an die Erfahrung der Wirklichkeit gebunden. Wissen ohne Erfahrung ist Scheinwissen, ist Bücherwissen, ist hohl und leer.

---

[6] ebd. 3
[7] Kluge Friedrich, wissen, Etymologisches Wörterbuch der deutschen Sprache, 796

2. Wissen schaffen

Um Wissen zu schaffen, muss ich mich einer Sache zuwenden. Und in dieser Zuwendung kann ich die Sache vielleicht finden, sie sehen, sie erkennen. Diese Erkenntnis, dieses in der Zuwendung zustande gekommene Wissen, ist erst einmal rein subjektiv, das heisst, es ist nur jenem Subjekt zugänglich, das mit der Sache wirklich in Berührung gekommen ist.

So kann also nur wissen, wie ein Apfel schmeckt, wer einen Apfel gegessen, wissen wie die Aussicht vom Finsteraarhorn ist, wer auf ihm gestanden und wissen, wie eine Rose duftet, wer daran gerochen hat.

Weder gute Bücher, noch Fotos, noch figürliche Darstellungen oder Erklärungen von Wissenden können die persönliche Zuwendung zur Sache selbst, die Bemühung um sie und Erfahrung mit ihr ersetzen.

Wenn ich aufmerksam lese, kann ich wissen, was lesen ist, aber ich weiss noch nichts von den Dingen, die da beschrieben sind, ausser ich habe sie bereits selbst erfahren, nichts von den Gedanken, die da dargestellt sind, ausser ich bin den Gang durch solche Gedanken schon gegangen.

Bücher, Bilder, Worte und Darstellungen können uns im besten Fall auf Dinge, Gedanken und Geschehen hinweisen, die wir wissen können, wenn wir uns ihnen zuwenden.

a) Schaffen

Weiter stellt sich die Frage nach dem Schaffen. Können wir Wissen tatsächlich schaffen? Nein, denke ich. Zwar können wir uns einer Sache zuwenden, sie aufsuchen. Aber damit wir sie finden und etwas von ihr wissen können, muss sich die Sache auch uns zuwenden, sie muss sich uns zeigen, sich uns offenbaren.

Aus Erfahrung weiss ich, dass ich den Zugang zu einer Sache oder auch zu einer Person eigentlich nur dann finde, wenn ich Interesse für diese, wenn ich die Liebe zu ihr habe.

Nur die Liebe ermöglicht eine Zuwendung von ganzem Herzen. Ohne Liebe ist alles nichts.[8] Aber die Liebe zu einer Sache oder Person können wir nicht erzwingen. Liebe ist nicht machbar, sie wird uns geschenkt.

Wissen schaffen in dem Sinn, dass dies einzig von unserer Bemühung abhängig wäre, können wir nicht. Wir können uns höchstens um die rechte Haltung bemühen, in der sich Wissen ereignen kann. Wir können eine Sache aufsuchen, ihr uns zuwenden, wenn wir die Liebe dazu haben. Aber dort, wo uns die Liebe fehlt, uns mit ganzem Herzen einer Sache zuzuwenden, wird sich kaum Wissen ereignen.

b) Neues Wissen?

Nun wäre es natürlich schön, irgend Etwas neues zu entdecken, im unendlich weiten Feld der Dinge.

Aber schon der Prediger im Alten Testament hat es gewußt: *Es gibt nichts Neues unter der Sonne....Längst schon ist es dagewesen, in den Zeiten, die vor uns gewesen sind.*[9] Und Müller schreibt es in seinem Buch so: *Es gibt ja kaum etwas, was nicht unter anderen Koordinaten von Zeit und Ort auch schon gedacht und gesagt worden wäre.*[10] So kann es sicher auch mir, wie jedem anderen forschenden Subjekt, nicht darum

---

[8] *Und wenn ich prophetisch reden könnte und alle Geheimnisse wüsste und alle Erkenntnis hätte; wenn ich alle Glaubenskraft besässe und Berge damit versetzen könnte, hätte aber die Liebe nicht, wäre ich nichts.*(1Kor 13.2)
Gott ist die Liebe, und wer in der Liebe bleibt, bleibt in Gott und Gott bleibt in ihm.(1J 4.16)
Es ist also nötig, dass wir uns bei unserem Tun an die Liebe halten. Was wir nicht in Liebe tun können, ist nicht auf unserem Weg, es ist ohne Sinn, und wir tun es im Grunde ohne Gott. Es ist uns nichts nütze.

[9] Aus Pre 1.9,10
[10] Müller Theophil, Konfirmation - Hochzeit - Taufe - Bestattung, 16

gehen, objektiv neues Wissen zu schaffen. Bestenfalls wird mir, dem forschenden Subjekt, längst Gewusstes hier und jetzt neu bewusst.

Sobald wir dies wissen, ist es nicht mehr sinnvoll, zu einem Thema möglichst alle Literatur zu sichten, um ein bisschen weiter draussen ein noch nicht befahrenes (erfahrenes) Feld zu finden, in welches wir dann unsere neue Spur legen können.

Es macht uns nicht wissender, wenn wir möglichst viele Forschungsberichte zu einer Sache lesen. Denn auch Forscher stehen immer wieder in der Gefahr, von oder über eine Sache zu schreiben, der sie gar nicht begegnet sind und in dicken Büchern Zugangsberichte anderer ohne eigene Verarbeitung und Einsicht zusammenzustellen. Zudem kann auch der beste Forschungsbericht die eigene Erfahrung mit der Sache nicht ersetzen.

Natürlich können wir uns glücklich heissen, wenn wir einen Forscher kennen, der jener Sache, die wir suchen, wirklich begegnet ist und schon weiss, was wir an Wissen selbst noch "schaffen" wollen. Er kann uns vielleicht durch seinen Forschungsbericht einen Zugang zur Sache eröffnen, so dass wir ihr dann selbst begegnen und in dieser Begegnung mit ihr Wissende werden können.

3. Selbständigkeit

Die Akzessarbeit darf *völlig selbständig erarbeitet werden*[11], steht in den Empfehlungen zur Abfassung von Akzessarbeiten. Aus dem bereits Gesagten ergibt sich eigentlich, dass jede Arbeit, die Wissen schafft, keine andere als eine selbständige sein kann. Denn wo sonst kann Wissen geschaffen werden, ausser im erkennenden, bewussten Subjekt, ausser im Selbst. Wissen ist nie unabhängig von einem Subjekt. Wissen ist immer subjektiv. Es ereignet sich zu bestimmter Zeit an bestimmtem Ort in einem bestimmten Subjekt. Ein Subjekt, das sich selbst erkennt, weiss sich und ist selbstbewusst. Und nur eine Sache, die sich dem Selbst wirklich gezeigt hat, ist dem Selbst verständlich, ist also selbstverständlich und somit selbständig (selbst-ständig), weil sie zu ihrem Bestehen nicht mehr auf ein Buch oder sonst eine äussere Autorität angewiesen ist, sondern im Selbst gründet, im Selbst Stand genug hat.

Es ist auch Descartes schon aufgefallen, dass das unselbständige, scheinwissenschaftliche Sich-Berufen auf Autoritäten unser bewusstes Sein mehr und mehr verdüstert. So hat er denn alles, was im Selbst (ihm selbst) nicht ohne Beistand von Autoritäten verständlich war, alles also, was nicht selbstverständlich, nicht *klar und deutlich*[12] war, verworfen. Ich meine, dass diese Einsicht auch für uns heute wieder neu wichtig werden muss. Es ist nötig, dass wir wieder selbstbewusster werden und wieder wagen, uns am Selbstverständlichen, an dem, was uns aus persönlicher Erfahrung klar und deutlich geworden ist, zu orientieren, statt unser Urteil ängstlich von sogenannten Wissenschaftlern und Experten abhängig zu machen[13].

---

[11] Empfehlungen zur Abfassung von Akzessarbeiten, Stand April 1992, 1

[12] Descartes René, meditationes, 62f: *ac proinde iam videor pro regula generali posse statuere illud omne esse verum, quod valde **clare et distincte** percipio. Und somit glaube ich bereits als allgemeine Regel aufstellen zu dürfen, dass alles das wahr ist, was ich **ganz klar und deutlich** einsehe.*

[13] In diesem Zusammenhang sehe ich auch die Aussage im Buch Jeremia, wo der Autor Gott sagen lässt: *Da wird keiner mehr den andern, keiner mehr seinen Bruder belehren und sprechen: "Erkennet den Herrn!" sondern sie werden mich alle erkennen, klein und gross...* (Jeremia 31.34)

4. Geistiges Eigentum

Es wird verlangt, dass wir in einer wissenschaftlichen Arbeit Zitate als solche kennzeichnen. Ich werde mich bemühen, dies zu tun, wenn mir bewusst ist, dass ein anderer vor mir genau die Worte, die ich hier und jetzt brauche, um meine Erfahrung zu beschreiben, auch schon gebraucht hat.

Aber *alles, was ich zu sagen habe, verdanke ich andern Menschen...,*[14] sind Worte, die ich irgendwo, irgendwann gehört oder gelesen habe, bevor ich sie nun brauche, um meine eigene Erfahrung damit zu beschreiben. Meine Sprache ist kein "Eigenprodukt". Und gerade bei Erkenntnissen, die ich mir zu eigen gemacht habe, die mir einleuchten, klar und deutlich und selbstverständlich geworden sind, weiss ich oft nicht, woher ich sie habe. Aber wahrscheinlich würde ich weder Johannes, noch dem Prediger, weder Descartes, noch Müller schaden, wenn ich heute ihre Worte brauche, ohne diese zu kennzeichnen, um etwas darzustellen, was mir selbstverständlich, klar und deutlich geworden ist. Denn auch sie verdanken ihre Sprache andern und ihre Erkenntnisse haben sie nicht gemacht, sie wurden ihnen geschenkt. Wer dem Geist begegnet, weiss, dass man ihn nicht besitzen kann, dass er weht, wo er will[15] und wann er will, dass es also so etwas wie geistiges Eigentum eigentlich nicht geben kann und dass der Geist mit keiner Methode in den Griff zu bekommen, "dingfest" zu machen ist.[16]

III. Themenwahl

1. Eigene Tauferfahrungen

Ich bin als Säugling getauft worden, habe später einige Taufen miterlebt und bin auch zweimal Pate gestanden.

Auch wenn in den einleitenden Erklärungen zu den Taufen, die ich erlebt habe, leicht unterschiedliche Akzente gesetzt wurden, war der Kern der Taufe, soweit ich mich erinnere, immer ähnlich gestaltet.

Ein Mann (einmal war es eine Frau) in schwarzem Gewand malte mit Wasser drei Kreuze auf die Stirn des Kindes und sprach dazu die Taufformel: "Ich taufe dich auf den Namen des Vaters und des Sohnes und des heiligen Geistes."

Vor diesem Kernstück hatten Eltern und Paten zu versprechen, das Kind in christlichem Sinn zu erziehen. Nach der Taufformel wurde dem Kind ein für es ausgewählter Bibelspruch, der sogenannte Taufspruch, zugesprochen.

Diese Handlung an sich wäre für mich nichts Besonderes gewesen, wenn sie nicht vom Gefühl getragen gewesen wäre, sie stehe nur symbolisch für einen verborgenen, tieferliegenden Sinn. Aber was sich denn da hinter dem äusserlich Sichtbaren wirklich ereignet, welche Bedeutung diese Handlung für unseren Lebensvollzug hat, konnte mir nie jemand überzeugend erklären.

---

[14] Müller Theophil, Konfirmation -Hochzeit - Taufe - Bestattung, 16

[15] Vgl. *Der Wind weht, wo er will; du hörst sein Brausen, weisst aber nicht, woher er kommt und wohin er geht. So ist es mit jedem, der aus dem Geist geboren ist.* (J. 3.8)

[16] Ich denke, dass wir uns dessen immer wieder klar bewusst werden sollten. Die Geisteswissenschaft droht geistlos zu werden, wenn wir, sklavisch an eine Methode (z.B. die historisch-kritische) gebunden, all unsere Ergebnisse mit sogenannten Fakten belegen wollen.

2. Taufverständnis

Im letzten Jahr habe ich an einem Seminar zum Thema Taufe teilgenommen. Dort hat sich gezeigt, dass ich mit der Frage nach dem Sinn der Taufe nicht allein bin, dass es nicht nur für mich, sondern für viele andere Studierende auch nötig ist, bevor wir selber Vorbereitungsgespräche leiten und Taufen durchführen, unser eigenes Taufverständnis zu klären.

In Gesprächen mit Eltern, die ihre Kinder taufen liessen oder sie taufen lassen wollten, ist mir folgendes aufgefallen: Nebst jenen, die mit der Taufe eine bestimmte Vorstellung verknüpfen, gibt es viele, die ihre Kinder deshalb taufen, weil man es eben tut. Andere sagen offen, dass sie eigentlich nicht wissen, warum sie die Kinder taufen lassen wollen, dass sie aber beim Gedanken, es nicht zu tun, Angst oder ein ungutes Gefühl hätten, ein Gefühl, es wäre irgend etwas nicht in Ordnung.

Im Zusammenhang mit verschiedenen Seelsorgeveranstaltungen habe ich mich auch mit Sigmund Freud und seiner Psychoanalyse beschäftigt. Freuds Hinweis, dass auch religiöse Rituale oft einen zwanghaften Charakter haben, fand ich auf dem Hintergrund meiner eigenen Erfahrungen und den Gesprächen mit Eltern zutreffend, seine Vermutung, dass dahinter eine Wirklichkeit steht, die für unseren Lebensvollzug von entscheidender Bedeutung ist, einleuchtend.

Als Vater und eventuell zukünftiger Pfarrer genügte es mir nicht mehr, nur deshalb an der Taufe festzuhalten, weil es Tradition ist, um sich den herrschenden Verhältnissen anzupassen oder um diffuse Ängste abzuwehren. Vielmehr sah ich mich nicht nur berechtigt, sondern geradezu verpflichtet, nach dem Sinn der Taufe zu fragen und um ein vernünftiges, an die persönliche Erfahrung anknüpfendes Verständnis der Taufe zu ringen.

IV. Zielsetzungen

Das Ziel dieser Arbeit ist es, Sinn, Bedeutung und Verständnis für die Taufe zu finden, die Taufe wieder mit Vernunft und alltäglicher Erfahrung zu verbinden. Allerdings ist die Taufe ein weites Feld. Es wird mir also nicht darum gehen können, innerhalb dieses Feldes jede Spur zu verfolgen. Es ist mir bewusst, dass wir letztlich über das Ganze nichts und nur über das Nichts alles wissen können. Aber diese beiden Extremvarianten bedürfen keiner Erklärung und Nachforschung mehr, weil sie jenseits von Raum und Zeit jeder Trennung und Abgrenzung enthoben sind. So will ich mich also damit begnügen, über die Taufe auf begrenztem Raum in begrenzter Zeit wenig in Erfahrung zu bringen.

Es wäre natürlich leicht möglich, zu einzelnen Aspekten der Taufe eine eigenständige Arbeit zu schreiben - so etwa über die Taufe in den Tod bei Paulus[17] oder über die Bedeutung des hebräischen Verbs טבל für die Badeszene im Buch Judith.[18] Aber es ist mir wichtig, von Anfang an die Frage an die Taufe so offen zu stellen, dass sie für meinen und, wie ich hoffe, auch für den Lebensvollzug anderer von Bedeutung ist.

Für die Arbeit grundlegend ist also die Frage nach dem Sinn, nach der Bedeutung der Taufe für den Lebensvollzug von Menschen am Ende des 20. Jahrhunderts.

---

[17] Rö 6.4
[18] Jdth 12.7

V. Methode

Für die Suche nach Sinn und Bedeutung der Taufe wählte ich drei verschiedene Zugänge.

Im Kapitel A geht es um Verständnis für die Taufe aus psychoanalytischer Sicht. Dazu orientiere ich mich an den grundlegenden Einsichten Freuds und der späteren Kritik und Revision des psychoanalytischen Symbolbegriffs durch Lorenzer und Scharfenberg.

Im Zentrum des Kapitels B steht die Frage, was biblische "Tauftexte" zum Verständnis der heutigen Taufe beitragen können.

Dem Kapitel C liegt die Frage zugrunde, welche Aspekte Menschen aus meinem Umfeld heute mit der Taufe in Verbindung bringen, welche Bedeutung sie der Taufe beimessen und welche formalen Elemente eine Taufe enthalten sollte. Dazu habe ich nebst Gesprächen über die Taufe auch eine schriftliche Umfrage zur Taufe in meinem Bekanntenkreis durchgeführt.

In der Schlussbetrachtung will ich die Ergebnisse aus den drei Hauptkapiteln einander gegenüberstellen und die daraus gewonnenen, mir wichtigen Einsichten zusammenstellen.

Die drei Hauptteile sind eigenständig, in sich mehr oder weniger abgeschlossen und sollten eigentlich unabhängig voneinander verständlich sein. Trotzdem gibt es natürlich eine innere Verbindung dieser drei Kapitel, auch dort, wo dies nicht ausdrücklich gesagt wird. Alle Kapitel haben nämlich das gleiche Ziel, Sinn zu finden für die Taufe, und sind vom gleichen Autor verfasst. Zudem sind durch das konzentrische Wachstum der Arbeit für die Wahrnehmung und Darstellung des einen Kapitels auch die Ergebnisse der andern Kapitel mitentscheidend. Das hermeneutische Modell im psychoanalytischen Teil stand nämlich nicht am Anfang, und die ersten Gespräche über die Taufe führte ich vor der ersten systematischen Durchsicht der biblischen Texte zur Taufe. Die Idee zur Umfrage entstand zwar nach der ersten Durchsicht der biblischen Texte, aber weitgehend noch auf der Basis des freudschen Symbolverständnisses.

Konzentrisches Wachstum ist eine wesentliche Eigentümlichkeit geisteswissenschaftlicher Arbeit. Durch die wissenschaftliche Arbeit verändern sich nicht nur die Erkenntnisvoraussetzungen und das Erkenntnisinteresse des forschenden Subjekts, sondern, und zwar viel entscheidender als in der Naturwissenschaft, auch der Forschungsgegenstand selbst, denn dieser ist ja letztlich ein Produkt des forschenden Subjekts.

Diese Tatsache macht es schwer, für die Darstellung befriedigende Auswahlkriterien zu wählen. Denn, was eigentlich ein lebendiger Prozess ist, der in konzentrischen Kreisen wächst, erstarrt bei der schriftlichen Fixierung zu einer linearen Momentaufnahme. Dem Forschungsgegenstand, der Taufe als Symbol, entsprechend richtet sich aber die Auswahl nicht nur danach, was sich diskursiv-argumentativ darstellen lässt. Verschiedene Teile haben vor allem präsentativ-integrative Kraft, richten sich an das intuitiv schauende Denken und ergänzen so das rational schlussfolgernde Denken.[19]

---

[19] Vorwiegend diesem Zweck dienen beispielsweise die Gegenüberstellung von Taufe und Zwangsritual im Kapitel A I., die Kulturkritik (A III.2.b) oder die 6 Interviewsskizzen am Schluss des Kapitels C.

A - Die Taufe aus psychoanalytischer Sicht

Dieses Kapitel beginnt mit der Gegenüberstellung von Taufe und einem zwangsneurotischen Ritual. Ausgehend von dieser Gegenüberstellung im I. Teil führt die Suche nach dem Sinn der Taufe, über eine kurze Darstellung von Freuds Symbolverständnis und Religionskritik im II. Teil, zu einem neuen Symbolverständnis im III. Teil.

I. Zwei geheimnisvolle Handlungen

1. Der Mann und die Schlüssel

Ein 36jähriger Mann, verheiratet, Vater dreier Kinder, Hauptmann im Militär, erfahrener Gleitschirm- und Deltapilot, dynamischer, impulsiver Lehrer von Beruf, führt bei Bedarf mehrmals täglich folgende Handlung aus:

Im hinteren Teil der Wohnung, genau auf der anderen Seite der Eingangstür, führt eine Tür in einen halboffenen, gedeckten Raum, in welchem Brennholz und allerhand Gerät und Gerümpel gelagert wird.

Ab und zu, wenn er an dieser Tür vorbeigeht, vergewissert er sich, ob sie auch wirklich abgeschlossen sei und zwar so, dass er den Schlüssel ganz nach links, bis zum Anschlag dreht, dann als Kontrolle die Klinke niederdrückt und zieht und schliesslich, quasi als Nachkontrolle, mit den Fingerkuppen, auf einer Länge von etwa einem halben Meter im oberen Türbereich, der Spalte zwischen Tür und Türrahmen entlangfährt. Die Tür ist im entsprechenden Bereich ganz speckig abgegriffen davon.

Etwas auffälliger, ausgebauter und zwingender ist die Handlung vor dem Schlafengehen. Nachdem er die oben beschriebene Handlung ausgeführt hat, geht er ins Schlafzimmer. Dort befindet sich ein zweitüriger Kleiderschrank mit zwei Schlüsseln. Die eine Tür öffnet sich gegen links, die andere gegen rechts. Entsprechend dreht er nun die beiden Schlüssel, den einen nach links, den andern nach rechts, bis zum Anschlag, so dass sich die Schlüsselringe in fast horizontaler Stellung befinden. Diese Schlüsselstellung, sagt er, macht deutlich, dass der Kleiderschrank tatsächlich verschlossen ist. Selbstverständlich fährt er aber als zusätzliche Kontrolle mit den Fingerkuppen den Spalten zwischen Rahmen und Türen entlang, wovon, wie bei der Tür zum Hinterraum, das Holz auffällig speckig abgegriffen ist.

Lange Zeit ist ihm diese Handlung gar nicht aufgefallen und überhaupt kein Problem gewesen, bis ihn seine Frau darauf angesprochen und gefragt hat, was er denn da jeden Abend tue.

Für die Tür zum Hinterraum lässt sich noch eine einigermassen vernünftige Erklärung finden. Es gibt ja tatsächlich Landstreicher und Diebe, die sich durch die Hintertür in die Wohnung schleichen und es auf Hab und Gut, Leib und Leben abgesehen haben, so dass es sinnvoll scheint, ihnen durch eine gut verschlossene Tür ihr Handwerk zu erschweren.

Allerdings ist dagegen einzuwenden, dass Einbrecher selten sind und mehrmals tägliche gründliche Schliesskontrollen der Hintertür übertrieben, zumal die Wohnungstüre tagsüber ohnehin nicht abgeschlossen wird.

Aber schwieriger war es mit einer vernünftigen Begründung beim Kleiderschrank. Denn was sollte da Gefährliches herauskommen?

2. Wasser, Kreuze und heiliger Geist

Ich will nun noch eine andere geheimnisvolle Handlung beschreiben:

Es gibt eine Gruppe von Menschen, gebildete Ärzte und einfache Bauern, bei denen kann man folgende Handlung beobachten:

Wenn ein Kind geboren ist, bringen sie es in ein Haus, wo die meisten von ihnen gewöhnlich nicht hingehen und kleine Kinder schon gar nicht. Sie nennen dieses Haus Kirche und was sie dort tun, Gottesdienst, wobei es nicht ganz klar ist, ob sie dort Gott dienen oder Gott ihnen dient, oder ob beides oder keines von beidem der Fall ist. Jedenfalls sitzen in diesem Gottesdienst die meisten von ihnen in Bänken, die alle in die gleiche Richtung ausgerichtet sind, und sie stehen nur ab und zu zum Singen auf. Zu Beginn und zum Schluss der Versammlung und manchmal auch zwischendurch spielt jemand Orgel. Und einer von ihnen zieht sich ein schwarzes langes Gewand über, sie nennen ihn Pfarrer. Dieser steigt, während die Orgel spielt, eine Treppe hoch auf einen erhöhten Platz und hält einen Vortrag, den sie Predigt nennen.

In einen solchen Gottesdienst bringen sie also ihren Säugling und lassen ihn taufen. So nennen sie folgende Handlung:

Die Eltern und in der Regel zwei andere erwachsene Personen treten mit dem Kind vor die Gemeinde zum Pfarrer hin, der für diese heilige Handlung seinen erhöhten Platz verlässt. Der Pfarrer fragt sie nun, ob sie bereit sind, das Kind in christlichem Sinn zu erziehen. Sie müssen diese Frage mit Ja beantworten, auch wenn sie nicht genau wissen, was mit christlich gemeint ist.[20]

Danach halten sie das Kind dem Pfarrer hin. Dieser taucht nun einen Finger in bereitgestelltes Wasser und malt dann mit dem nassen Finger ein Kreuz auf die Stirn des Säuglings und spricht dazu die Worte: *Ich taufe dich auf den Namen des Vaters.* Dann taucht er den Finger von neuem ein und malt wieder ein Kreuz auf die Stirn und spricht: *und des Sohnes.* Ein drittes Mal taucht er seinen Finger ein, malt ein Kreuz und spricht dazu: *und des heiligen Geistes.*[21] Als Zugabe hält er zum Schluss die Hand über den Kopf des Säuglings und spricht dazu einen Vers aus dem heiligen Buch, zum Beispiel: *Mache dich auf, werde licht! denn dein Licht kommt, und die Herrlichkeit des Herrn strahlt auf über dir.*[22]

Danach gehen Eltern und Taufzeugen mit dem Kind zum Platz zurück. Das Kind wird meist sofort hinaus gebracht, spätestens aber dann, wenn es schreit. Eltern und Paten aber sollten wenn möglich bis zum Schluss im Gottesdienst bleiben.

3. Die Analogie

Die beiden Handlungen unterscheiden sich zwar in verschiedener Hinsicht: Das Schliessritual ist eine persönliche Angelegenheit und ihm wird spontan kein besonderer Wert zugemessen. Aus psychopathologischer Sicht ist es offensichtlich eine zwangsneurotische Handlung. Die Taufe dagegen ist allgemein verbreitet und wird in der Öffentlichkeit vollzogen, und viele messen der Taufe eine gewisse Bedeutung zu, auch dann, wenn diese Bedeutung nicht bewusst ist.

Aber trotz dieser Unterschiede ist eine gewisse Analogie zwischen Schliessritual und Taufe offensichtlich:

---

[20] *Wie christlich ist christlich?* Diese Frage hat ein Mann anlässlich der Umfrage zur Taufe gestellt (Fragebogen 71)

[21] Umsetzung des sogenannten "Taufbefehls" von Mt 28.19

[22] Zürcher Bibel, Jes 60.1

1. Solange niemand nach der Bedeutung einer Handlung fragt, kann sie ohne weiteres durchgeführt werden, ohne dass man Rechenschaft über deren Bedeutung ablegen müsste.

2. Erst da, wo sich nicht alle Individuen einer Lebensgemeinschaft an einer bestimmten Handlung beteiligen, wird diese fragwürdig. Beim oben beschriebenen Schliessritual war es die Frau, welcher die Handlung ihres Mannes auffiel und die ihn deshalb nach dem Sinn davon fragte. Und in unserer pluralistischen Gesellschaft werden zwar immer noch viele, aber lange nicht mehr alle Kinder getauft. Und die Ungetauften scheinen nicht anders zu sein als die Getauften, so dass man sich zu fragen beginnt, was denn diese Handlung eigentlich soll.

3. Der Mann wusste keine vernünftige Antwort, als er von seiner Frau nach dem Sinn des Schliessrituals gefragt wurde. Und mir (und soweit ich sehe, vielen anderen auch) ging es wie jenem Mann, als sich mir die Frage nach der Bedeutung der Taufe stellte. Es liessen sich dafür keine vernünftigen Gründe finden. Es gab keinen offensichtlichen Sinn.

4. Wenn der Sinn verloren ist

Es ist nun keinesfalls selbstverständlich, dass uns eine offene Frage aufrüttelt und in Bewegung setzt. In der Regel kommt der Sache nur dann die nötige Aufmerksamkeit zu, wenn die offensichtlich sinnlosen Erscheinungen den sinnvollen Lebensvollzug stören; etwa dort, wo uns Alpträume nicht mehr schlafen lassen, wo wir uns durch sinnlose Schliessrituale lächerlich machen oder dort, wo verschiedene Auffassungen über religiöse Handlungen zu "Glaubenskriegen" führen. Selbst unter diesen Voraussetzungen sind wir vielleicht noch versucht, uns jede Frage zu verbieten und stur bei unseren Gewohnheiten und unserer Meinung zu bleiben. Häufig genug werden wir aber als Betroffene alles daran setzen, die lästigen Erscheinungen loszuwerden, ohne nach deren Sinn zu fragen. So jedenfalls erging es dem Mann mit dem Schliessritual:

Die offensichtliche Sinnlosigkeit seiner Handlung einsehend, wollte er in Zukunft darauf verzichten. Die Handlung war aber so eingeschliffen, dass er einer gehörigen Portion Achtsamkeit bedurfte, um sie nicht unwillkürlich auszuführen. Und wenn es ihm gelang beim Zu-Bett-Gehen an Tür und Schrank ohne Schliesskontrolle vorüber zu gehen, rächte sich diese Unterlassungssünde durch ein leichtes Unbehagen, welches das Einschlafen erschwerte. Trotzdem wollte er darauf verzichten und sehen, was passiere. Der Verzicht gelang ihm zunehmend leichter, und es passierte nichts.

Dann erzählte er aber noch eine andere Geschichte: Er spürte immer häufiger, zuletzt dauernd einen dumpfen Schmerz im Bauch, der auch zum rechten Hoden hin ausstrahlte. Dazu kam noch, dass er meinte, hin und wieder Blut im Stuhl zu entdecken. Trotz dieses Befunds dachte er, als gebildeter Mensch im Zeitalter der Psychosomatik, anfänglich an durch beruflichen Stress und Probleme in der Partnerschaft verursachte psychosomatische Störungen. Als die Schmerzen aber anhielten und zunehmend heftiger wurden, dachte er schliesslich doch an eine organische Störung und suchte deshalb Rat bei einem erfahrenen Ernährungsspezialisten. Dieser verordnete ihm strenge, makrobiotische Diät. Als aber auch diese Diät keine entscheidende Besserung brachte, dachte er immer häufiger an eine ernsthafte Erkrankung, an Krebs, und der Tod stand ihm vor Augen und schreckte ihn. Unter diesem Druck zunehmend leidend, unterzog er sich endlich einer gründlichen, schulmedizinischen Untersuchung mit Kontrastmittelröntgen und Spiegelung usw. Der Befund war negativ. Die Ärzte versicherten ihm, dass er organisch vollkommen gesund sei. Daraufhin blieben die Schmerzen weg.

In einer Pause beim Holzen im eigenen Wald, welches er einer gewöhnlichen Psychotherapie bei weitem vorzieht, wurde er gefragt, wann eigentlich die Bauchschmerzen aufgetreten seien und wann er denn damit aufgehört habe, den Kleiderschrank sorgfältig zu verschliessen. Die Frage machte ihn betroffen und stimmte ihn nachdenklich: Es war in der gleichen Zeit.

Eigentlich war es ja schon genug, dass solch unerträgliche Schmerzen keine organische Ursache hatten und, nachdem dies durch seriöse Schulmediziner und ihre hochtechnischen Diagnoseverfahren beglaubigt war, auch sofort verschwanden. Sollte es nun etwa noch einen Zusammenhang geben zwischen diesen Schmerzen und dem Verzicht auf das allabendlich gründliche Verschliessen des Kleiderschrankes?

Dieses Beispiel macht deutlich, dass es nicht nur schwierig ist, ohne weitere Einsicht auf ein eingeschliffenes Ritual zu verzichten, sondern auch problematisch. Es besteht nämlich die Gefahr, dass wir die offensichtlich sinnlosen Erscheinungen (die Symptome) nicht loswerden, sondern dass sie sich bloss verlagern. Anstelle des Schliessrituals treten vielleicht Bauchschmerzen; anstelle bewährter religiöser Symbole schiessen "neue" religiöse Rituale, Vorstellungen und Gruppen wie Pilze aus dem Boden. Ob in unserem Beispiel tatsächlich ein Zusammenhang zwischen Schliessritual und Bauchschmerzen bestand und ob in Analogie dazu ungetaufte Kinder irgendwelche "Nebenwirkungen" verursachen, muss hier offen bleiben. Jedenfalls aber scheinen mir beide Wege problematisch, sowohl, dass sich Betroffene jede Frage zu offensichtlich sinnlosen Handlungen verbieten, als auch, dass sie diese ohne weitere Einsichten möglichst sofort loswerden wollen. Ich will deshalb auf den Spuren der psychoanalytischen Tradition einen dritten Weg wählen und um den verlorenen Sinn der Taufe ringen.

II. Sigmund Freuds Antwort auf die Frage nach dem Sinn[23]

Ein Pionier unseres Jahrhunderts auf der Suche nach Sinn war Sigmund Freud: 1. hat er sich um den Sinn von Fehlleistungen gekümmert. 2. hat er den Sinn und die Relevanz von Träumen für unser Leben wieder neu entdeckt. 3. hat er in Analogie zu den Träumen auch sogenannt neurotischen Handlungen und Vorstellungen, wie zum Beispiel dem beschriebenen Schliessritual, Sinn zugestanden. 4. hat er postuliert, dass es sich mit religiösen Vorstellungen und Handlungen nicht anders verhält als mit zwangsneurotischen Vorstellungen und Handlungen des Individuums.

Freud hat alle, auch die offensichtlich sinnlosen Erscheinungen, ernst genommen und ihnen grundsätzlich Sinn zugestanden. Er deutete Träume, neurotische Symptome und religiöse Rituale als symbolische Darstellung wichtiger Ereignisse und Phantasien, die für die Entwicklung des Individuums oder der Gemeinschaft von entscheidender Bedeutung sind, die aber dem Bewusstsein nicht mehr zugänglich sind, das heisst, die aus dem Bewusstsein verdrängt wurden.[24]

1. Kultur, Neurose und religiöses Ritual

Es sprengt den Rahmen dieser Arbeit, Freuds Modelle ausführlich darzustellen. Kurz zusammengefasst, plakativ vereinfacht sehe ich es so: Für Freud ist der Mensch ein Kulturwesen. Kultur ist das spezifisch Menschliche. Durch die Kultur unterscheidet sich der Mensch vom Tier. Kultur meint: 1. das Wissen, welches zur Beherrschung der Natur, zur Produktion und Verteilung von Gütern dienlich ist, jenes Wissen also, das uns Menschen befähigt, als physisch schwache Wesen in den Naturgewalten zu bestehen. 2. gehören zur Kultur jene Einrichtungen, die ein gerechtes Zusammenleben der Menschen ermöglichen. Kultur ist die Möglichkeit, zusammen mehr zu sein, als wir einzeln von Natur aus wären. Der Mensch ist auf Gemeinschaft hin angelegt und nur in Gemeinschaft lebensfähig. Die Entwicklung läuft von einer diffusen, strukturlosen Einheit zu einer differenzierten, geordneten Einheit, vom Einzeller zum Vielzeller. Für den einzelnen Menschen geht es darum, auf die direkte Befriedigung seiner Triebe zu verzichten und die Triebkräfte gemäss den Kulturvorschriften in den Dienst der Gemeinschaft zu stellen. Er muss die Illusion seiner Unabhängigkeit und Autonomie aufgeben und seinen Platz finden als Glied der Gemeinschaft. Er muss den ursprünglichen Zustand des Seins, der Einheit und Ruhe aufgeben und eintauchen ins Leben, in die ruhelose Bewegung von Werden und Vergehen, in die vielfältigen Beziehungen zu den andern Gliedern der grösseren Einheit, der Gemeinschaft.

Verzicht auf den alten Zustand, Verzicht auf die individuelle Triebbefriedigung, Triebverzicht also ist die Grundlage kultureller Entwicklung. Dort, wo dieser Verzicht nicht gelingt, wo es dem Individuum nicht gelingt, die individuellen Triebkräfte zu kultivieren, das heisst, die Triebkräfte so zu lenken, dass sie dem normativen Anspruch der Kulturvorschriften genügen, gibt es zwei Möglichkeiten: Entweder wendet sich das

---

[23] Grundlegend für diesen Abschnitt sind folgende vier Schriften Freuds: Vorlesungen zur Einführung in die Psychoanalyse, 1916/17; Neue Folge der Vorlesungen zur Einführung in die Psychoanalyse, 1933; Zukunft einer Illusion, 1927; Der Mann Moses und die monotheistische Religion, 1939

[24] *Nur was verdrängt ist, bedarf der symbolischen Darstellung.*(Jones Ernest, Die Theorie der Symbolik, 244) Alfred Lorenzer zitiert diesen Satz von Ernest Jones in seinem Aufsatz (Lorenzer Alfred, Symbol, Sprachverwirrung und Verstehen: Psyche 24, 896). Lorenzer meint, dass Jones mit seinem Werk "Die Theorie der Symbolik" die damalige psychoanalytische Diskussion um die Symbolbildung beendete und dass seine Definition des Symbolbegriffs das psychoanalytische Symbolverständnis der nächsten 4 bis 5 Jahrzehnte bestimmte.

Individuum bewusst von der Norm ab, wird pervers und gerät so in einen offenen Konflikt mit der Gemeinschaft, oder es verdrängt diesen Konflikt aus dem Bewusstsein, verhält sich so, als ob nichts wäre und gerät in einen unbewussten Konflikt mit der Gemeinschaft. In beiden Fällen ist die kulturelle Entwicklung gefährdet. Die Perversen gefährden die Kultur offensichtlich, akut von aussen; die Neurotiker dagegen chronisch in verborgener Weise von innen. Nur durch eine Änderung der Einstellung zur Norm, durch eine Metanoia[25] kann die Entwicklung weitergehen. Das folgende Schema macht dieses Modell deutlich:

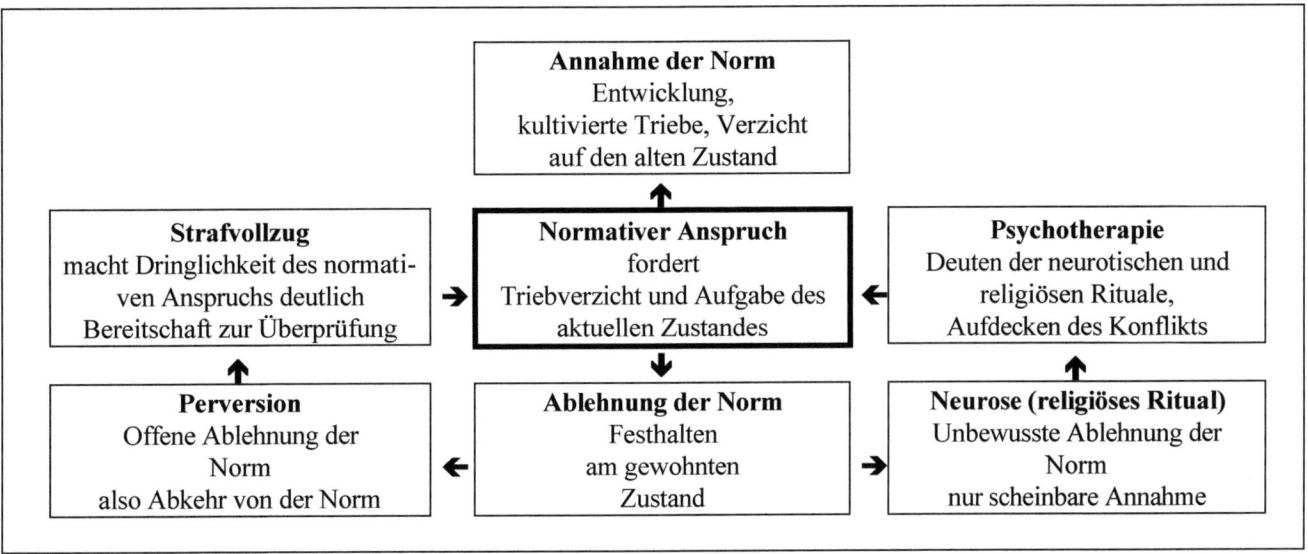

2. Deutung symbolischer Darstellungen

Durch die Verdrängung aus dem Bewusstsein löst sich ein Problem nicht. Vielmehr wird es nun in verschlüsselter Form dargestellt, durch einen Traum oder durch ein neurotisches oder religiöses Ritual. Eine solche symbolische Darstellung hat mindestens einen dreifachen Sinn: 1. macht sie es möglich, eine gewisse Zeit so zu leben, als ob das Problem schon gelöst wäre, 2. dient sie der ersatzweisen Befriedigung des normwidrigen Wunsches und 3. bietet sie die Möglichkeit, den Konflikt wieder bewusst zu machen. Dazu ist es allerdings nötig, die Rituale zu deuten, zu interpretieren, ihre Symbolik zu verstehen. Freud nimmt an, dass die ursprüngliche Situation in der symbolischen Darstellung unkenntlich geworden ist. Er macht dafür eine Art Zensur verantwortlich, die durch Auslassen, Ersetzen, Verdichten und Umgruppieren einzelner Elemente des ursprünglichen Sinnzusammenhangs die bewusste Erinnerung unmöglich gemacht hat. Durch freie Assoziation muss deshalb versucht werden, die Verschlüsselungsarbeit der Zensur wieder rückgängig zu machen und so zum ursprünglichen Konflikt vorzustossen. Folgendes Schema mag diesen Prozess veranschaulichen:

---

[25] Es geht in der Psychoanalyse unter anderem darum, eine verdrängte lebens- und gemeinschaftsfeindliche Einstellung aufzudecken, von dieser abzulassen und die Einstellung zu ändern. Dieser Prozess scheint mir verwandt mit dem Taufgeschehen am Jordan. Vgl. dazu Taufe und Metanoia, Kapitel B IV. 2.a

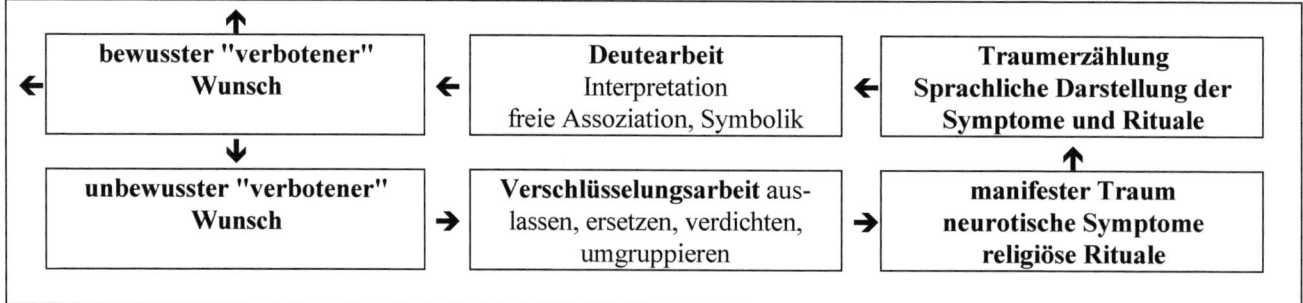

Wo die Deutearbeit erfolgreich ist, findet das betroffene Individuum Einsicht in das den Ritualen zugrunde liegende Geschehen und hat so die Möglichkeit, den einst verdrängten Konflikt nun bewusst zu lösen. Mit der Lösung des Konflikts wird dann die weitere Wiederholung der symbolischen Darstellung überflüssig.

3. Religionskritik

Freud bezeichnete die Religion als *die allgemein menschliche Zwangsneurose*[26] und stellte fest, dass die frommgläubige Annahme der allgemeinen Neurose von der Notwendigkeit befreit, eine individuelle persönliche auszubilden. Die Religion täuscht also hinweg über einen nicht gelösten Konflikt in der Menschheitsgeschichte. Dank der religiösen Rituale und Vorstellungen kam es bisher nicht zur offenen Abkehr von der christlichen Norm. Aber solche Religion ist ein gefährliches Fundament für unsere Kultur. Viele Menschen versagen sich ihre kulturfeindliche Triebbefriedigung nur deshalb, weil sie die Strafe Gottes des allmächtigen Vaters im Himmel fürchten und hoffen, spätestens im Jenseits für ihren Verzicht entschädigt zu werden. Die Menschen verhalten sich als Erwachsene immer noch so wie Kinder, die aus Angst vor Repression ihren Eltern oder in der Schule dem Lehrer gehorchen, die aber, sobald sie ausserhalb des Einflussbereiches der strafenden Autorität stehen, ihren Trieben freien Lauf lassen. Solange also die Laien nicht erfahren, dass die gebildeten Theologen nur so tun, als ob es einen solchen Gott gäbe, mag die Kultur auf diesem religiösen Fundament stehen. Aber sie werden es erfahren und merken, dass unser Wohlergehen nicht von diesen religiösen Illusionen abhängig ist, und dann zeigt sich, dass der Verzicht auf die gemeinschaftsgefährdenden Wünsche bei vielen nicht wirklich geleistet wurde. Freud meint, es wäre deshalb *ein unzweifelhafter Vorteil, Gott überhaupt aus dem Spiele zu lassen und ehrlich den rein menschlichen Ursprung aller kulturellen Einrichtungen und Vorschriften einzugestehen.*[27] Es gibt ja durchaus rationale Begründungen für unsere Kulturvorschriften, für die Gebote nicht zu morden, nicht Ehe zu brechen und so weiter. Warum wollen wir dann behaupten, Gott habe diese Gebote in grauer Vorzeit Mose in Stein gemeisselt übergeben? Freud wünscht, dass wir Menschen auch in kultureller Hinsicht endlich erwachsen werden. Wir sollen nicht bloss deshalb an der Kultur mitwirken, weil wir durch absurde religiöse Illusionen, letztlich durch einen strafenden Gott uns dazu gezwungen fühlen, sondern weil wir uns aus Einsicht freiwillig für die Kultur entschieden haben und so selber zu Kulturträgern geworden sind.

---

[26] Freud Sigmund, Zukunft einer Illusion: Studienausgabe 9, 177
Die Analogie zwischen individuellen Neurosen und Religion versucht Freud in seiner Schrift "Der Mann Moses und die monotheistische Religion" deutlich zu machen.

[27] Freud Sigmund, Zukunft einer Illusion: Studienausgabe 9, 175

Freud ist überzeugt, dass auf die Dauer *der Vernunft und Erfahrung nichts widerstehen* kann, *der Widerspruch der Religion gegen beide* aber *ist allzu greifbar.*[28] Er fordert uns deshalb auf, den λόγος[29] als Gott anzunehmen und ihn unsere Wünsche wie zum Beispiel Menschenliebe und Einschränkung des Leidens allmählich verwirklichen zu lassen, soweit es die äussere Realität, die ἀνάγκη, gestattet.

III. Vom Klischee zum Symbol - ein hermeneutisches Modell

1. Einverständnis mit Freuds Modell

Ich finde Freuds Modell zum Verständnis religiöser Rituale durchaus hilfreich und seine Religionskritik weitgehend berechtigt: 1. Es ist einleuchtend, offensichtlich sinnlosen Handlungen einen verborgenen Sinn zuzugestehen und um diesen zu ringen. 2. Ich finde es richtig, religiöse Rituale nicht grundsätzlich anders zu behandeln als zwangsneurotische Rituale eines Einzelnen und beides als symbolische Darstellungen aufzufassen. 3. Es ist sinnvoll, zu vermuten, dass religiöse Rituale in Zusammenhang stehen mit Erfahrungen, Erkenntnissen und Wünschen, die sich aus dem Spannungsfeld zwischen Individualität und Gemeinschaft, zwischen Sein und Werden ergeben. 4. Es ist wichtig, die religiösen Rituale wieder mit Erfahrung und Vernunft zu verbinden. Wir müssen nicht glauben, was absurd ist. Wir sind es einander schuldig, ehrlich zu sagen, warum wir ein Ritual wie beispielsweise die Taufe vollziehen. Und dort, wo es Möglichkeiten gibt, die Taufe von unserer Erfahrung her zu begreifen, sollten wir diese Möglichkeiten aufdecken. Vernunft, Einsicht, Verständnis und Erfahrung sind nicht alles. Aber wenn wir uns so verhalten, als würden Vernunft und Erfahrung für den Lebensvollzug gar nichts bedeuten, wenn wir fordern, Dinge ohne irgendeinen Bezug zu Vernunft und Erfahrung zu glauben und zu tun, dann nehmen wir den Menschen nicht ernst, dann berauben wir ihn zweier wesentlicher Faktoren seines Menschseins. 5. Es ist naheliegend, dass auch die Taufe dazu gebraucht wurde und noch wird, gegen Einsicht, Erfahrung und Bereitschaft des Individuums Kulturvorschriften durchzusetzen. Eine solche Kultur steht allerdings auf einem schlechten Fundament, und es ist Zeit, dass wir uns von repressiven religiösen Vorstellungen befreien.[30]

2. Drei Superthesen zu Freuds Modell

An mindestens drei Punkten will ich das freudsche Modell präzisieren, ergänzen, beziehungsweise ändern: a) Verstehen ist nicht abhängig vom Auffinden einer Ursache in der Vergangenheit. b) Rituale können auch

---

[28] ebd. 187

[29] ebd. 187 Hier findet man auch weitere Angaben zum Götterpaar λόγος und ἀνάγκη. Freud denkt, dass wir unter der Führung des λόγος alles tun sollen, was in unseren Möglichkeiten steht, um Menschenliebe und Wohlergehen zu verwirklichen, dass wir aber anderseits demütig die Grenzen, welche uns die ἀνάγκη setzt, annehmen sollen. Freud sieht klar, dass jeder Fortschritt in der Menschlichkeit Zeit braucht, dass andere morgen ernten, was wir heute säen.
Den λόγος als Gott annehmen: Diese Formulierung erinnert an den Prolog des Johannesevangeliums (J 1. 1-13). Auch hier ist der λόγος Gott. Der λόγος ist in die Welt gekommen. Er ist mitten unter uns und mitten in uns. Nichts wäre leichter, als uns seiner Führung anzuvertrauen und an ihn zu glauben. Und doch nehmen wir ihn nicht an, erkennen und anerkennen wir ihn nicht als unseren Gott. Vielmehr hängen wir unseren Glauben an absurde Vorstellungen, unverstandene, alte Schriften und geheimnisvolle Rituale.

[30] In der Umfrage zur Taufe schreibt eine Frau in diesem Zusammenhang: *Ich glaube nicht, dass es vor Gott zwei Kategorien Kinder gibt, die Getauften und die Ungetauften. Dies ist für mich Aberglaube und hat sehr viel mit Angst zu tun.* (68)

einen berechtigten kulturkritischen Sinn haben. c) Wahre Religiosität ist unverzichtbar und religiöse Rituale werden dadurch, dass wir sie verstehen, nicht überflüssig. Diese drei Punkte sollen im folgenden kurz dargestellt werden.

a) Verständnis, Kausalität und Analogie

Ich finde es zwar richtig, zum Verständnis einer Erscheinung auch deren Werdegang mitzuberücksichtigen. Aber es kann natürlich nie darum gehen, die erste Ursache zu ergründen. Wenn wir Sinn und Verständnis einer Sache von der Einsicht in deren Ursache abhängig machen, sind wir von Anfang an zum Scheitern verurteilt. Falls es eine erste Ursache überhaupt gibt, könnten wir sie nicht zu Gesicht bekommen, weil sie zu weit zurückliegt. Würde es wider alle Erwartungen doch gelingen, diese erste Ursache zu finden, dann könnten wir sie deshalb nicht verstehen, weil wir ja Verständnis für eine Sache von deren Ursache abhängig gemacht haben. Für die erste Ursache gibt es aber keine klärende Ursache mehr.

Verständnis kann also nicht von einer monokausalen Erklärung, von einem sogenannten "Ursprung", abhängig gemacht werden. Vielmehr nenne ich jenes Ereignis Verstehen, wo Erfahrung und Sprache sich finden. Wobei Sprache nicht auf Worte beschränkt ist. Träume, Neurosen, Rituale, Krankheitssymptome und anderes sind auch eine Form von Sprache. Und bei Erfahrung denke ich auch an innere Erfahrung. Dort also, wo wir für eine Erfahrung die passende Sprache oder zu vorgegebener Sprache die passende Erfahrung finden, dort leuchtet Sinn auf. Sinnfindung ist für unser Leben entscheidend. Und deshalb ist es wichtig, dass sich Sprache und Erfahrung nicht entfremden, sich nicht aus den Augen verlieren.

Bei der Suche nach Sinn und Verständnis sind wir also nicht auf eine erste Ursache angewiesen. Es genügt, uns an die von Raum und Zeit abhängige Wahrheit[31] zu halten. Diese Wahrheit gilt es anzunehmen und auszuhalten und darauf zu reagieren. Wo wir dies nicht vermögen, wo wir nicht zur Wahrheit stehen, wo wir sie uns nicht eingestehen, sondern uns so verhalten, als ob es sie nicht gäbe, verlieren wir zusehends den Sinn und damit das Leben aus den Augen.

b) Grenzen der Kultur

Der Mensch ist ein Kulturwesen, er ist auf Gemeinschaft hin angelegt, ist berufen, sich selber und die Natur zu kultivieren. Dazu muss er auf die unmittelbare Befriedigung seines Triebes verzichten und sowohl die eigenen als auch die Triebkräfte der Natur in kultivierte Bahnen lenken. Das leuchtet ein: Wollen wir eine beleuchtete Stadt haben mit Strassenbahn und Trolleybus, mit Waschmaschine und Kochherd usw., so müssen wir den natürlichen "Trieb" des Wassers, sich der Schwerkraft gehorchend als sprühender Wasserfall tosend und im Sonnenlicht glitzernd und Regenbogen bildend über die Felswand hinunterzustürzen, in andere Bahnen lenken.

Wir müssen das Wasser stauen und geordnet durch dunkle Röhren auf Turbinen leiten und die so gebändigte und gewonnene Kraft des Wassers mittels Hochspannungsleitungen zu den entfernten Städten transportieren.

Still ist es nun am Berg, und Regenbogen leuchten auch nicht mehr. Dafür leuchtet in der Nacht das Münster, und die Strassenbahn rattert über die Kirchenfeldbrücke. Nur eben, Bergtäler ganz ohne sprudelnde

---

[31] Näheres dazu: ἀλήθεια, Seite 26

Bäche wirken auch ein bisschen befremdend. Und wenn in den menschlichen Beziehungen nur noch Lämpchen leuchten, fehlt wahrscheinlich das berauschende Tosen.

Kultur gehört zum Menschen, aber Kultur ist nicht alles. Kultur muss massvoll sein und die Würde des Einzelnen und der Natur respektieren. Auch die menschliche Gemeinschaft ist nicht allmächtig, nicht autonom und sollte sich in die kosmische und natürliche Ordnung einfügen. Es gibt Grenzen der kulturellen Entwicklung. Aber diese Grenzen werden im Machbarkeitswahn des 20. Jahrhunderts manchmal überschritten. Ich denke zum Beispiel an Strassen, die mit ihren Viadukten als willkürliche, überhebliche Linie jede Verbindung zur Natur leugnen, oder an verschiedene Errungenschaften in der Medizin - an Menschen, die an Schläuchen und Maschinen in weissen Spitalbetten mit silbern glänzenden Gestellen röchelnd leidend dahinvegetieren, an die Techniken der Empfängnisverhütung inklusive Abtreibung und an die Fortpflanzungstechnologie mit In-vitro-Fertilisation und intrauterinen Operationen. Ich denke auch an die zentralistischen, wirtschaftstechnokratischen Normen der EG, die versuchen, den Einzelnen dem sinnlosen Prinzip "schnell, viel und billig" dienstbar zu machen.

Kultur hat Grenzen, und wir dürfen in ihr die Sorglosigkeit der Vögel am Himmel und der Lilien auf dem Felde[32] nicht verlieren. Manchmal wäre es vielleicht wahrem Menschsein dienlicher, den krampfhaften Verzicht aufzugeben, es zu wagen, uns so anzunehmen wie wir sind und auch den Wahn aufzugeben, die Welt so zu gestalten, wie sie der Befriedigung eigener Bedürfnisse am meisten nützt.

c) Wahre Religiosität

Ich finde es wichtig, uns von dem zu befreien, was Freud mit Religion bezeichnet, von jenen Vorstellungen, die helfen, bloss das Gefühl der Ohnmacht, Kleinheit und Abhängigkeit erträglich zu machen und Kulturvorschriften gegen den Willen der Menschen durchzusetzen. Solche Religiosität bagatellisiert die Gegebenheiten menschlichen Seins. Sie hält uns ab vom Eintauchen in die vielleicht schmerzliche Wirklichkeit, vom Eintauchen, welches uns aufwecken würde aus dem Schlaf, welches uns bereit machen würde zu Aufbruch und Fortschritt.

Wahre Religiosität dagegen scheint mir unverzichtbar. Ich verstehe darunter Religion im Sinne vom lateinischen relegere oder religare: Relegere bedeutet wiederlesen, das heisst wieder von neuem lesen, von neuem in Gedanken durchgehen. Religare bedeutet wieder anbinden, festbinden, verbinden, vereinigen. Religion ist so verstanden ein je wieder neues Gewahrwerden der eigenen Herkunft und Zukunft, ein Gewahrwerden der eigenen Kleinheit, Schwachheit und Verletzlichkeit, aber auch der Möglichkeiten, die uns offen stehen innerhalb der gesetzten Grenzen. Religion ist Wiederverbindung mit dem, was wir sind, ehrliches Bemühen, uns an die Wahrheit zu halten und diese Wahrheit in ihrer ganzen Tiefe auszuhalten und anzunehmen und angesichts dieser Wahrheit aufzuwachen aus dem Schlaf und das Leben zu ergreifen.

Religion ermöglicht diese tiefe, furchterregende und zugleich befreiende Erfahrung der eigenen Möglichkeiten und Grenzen. Wahre Religiosität umfasst alles, was dazu geeignet ist, unsere Grenzen und Möglichkeiten bewusst zu machen, was geeignet ist, uns mit den Grundlagen zu versöhnen und zu verbinden und sie in freier Entscheidung anzunehmen. Solche Religiosität ermöglicht es uns, ganz in der Trennung zu sein und trotzdem das Ganze nicht zu verlieren.[33] Sie ermöglicht uns ein Bewusstsein, dass auch all das, was für uns

---

[32] Vgl. dazu: Mt 6.25-34

23

hier und jetzt nicht in Geltung steht, doch zum Ganzen mit dazu gehört. Sie ermöglicht uns die tiefe Erfahrung, für welche Matthias Claudius folgende Worte gefunden hat: *Seht ihr den Mond dort stehen? Er ist nur halb zu sehen und ist doch rund und schön. So sind wohl manche Sachen, die wir getrost belachen, weil unsre Augen sie nicht sehn.*[34]

Es ist deshalb keineswegs zwingend, dass mit dem Verständnis alle Rituale überflüssig werden. Vielmehr scheint es mir sinnvoll, das, worauf es ankommt, mit einem Symbol, zum Beispiel mit einem Ritual zu verdeutlichen, damit wir die Sache nicht nur intellektuell verstehen, sondern, dass sie Kopf, Herz und Hand erreicht. Aber wir sind berufen, frei zu werden und das Ritual nicht unter Zwang oder mit diffusen Erwartungen zu üben, sondern, weil wir es als geeignet erachten, uns und andern damit etwas Wesentliches deutlich zu machen. Wir müssen das Ritual nicht um seiner selbst willen pflegen. Es hat einen bleibenden Wert insofern, als es auch bewusstes Sein ermöglicht. Was uns im Grunde fehlt, ist Bewusstsein, Einsicht in das, was wir sind und werden können, Einsicht in unsere Grenzen und Möglichkeiten.

Ich bin überzeugt, dass auch ein Taufritual dieser Einsicht dienlich sein kann, wenn es uns gelingt, das Ritual mit Vernunft und Erfahrung zu verbinden. Allerdings wird eine rituelle Taufe die äusseren Gegebenheiten unserer Existenz kaum schlagartig verändern und sie wird auch nicht zwingend Einsicht in diese Gegebenheiten ermöglichen und so deren Annahme bewirken.

3. Klischee, Symbol und Zeichen

Auf dem Hintergrund der Superthesen wird deutlich, dass es nötig ist, das psychoanalytische Symbolverständnis, wie es zur Zeit Freuds in Geltung stand, zu modifizieren. Mit Ulrike Wagner-Rau und Joachim Scharfenberg habe ich auf den Spuren Alfred Lorenzers ein Symbolverständnis gefunden, welches erlaubt, die wichtigen Anliegen Freuds ernst zu nehmen, ohne dass dabei einem aufgeklärten Menschen die religiösen Symbole überhaupt überflüssig werden müssen. Lorenzer unterscheidet in seinem Aufsatz "Symbol, Sprachverwirrung und Verstehen" zwischen Klischee, Symbol und Zeichen.

a) Symbol[35]

Ein Symbol kann entstehen, wenn einem Objekt durch Deuteworte Sinn verliehen wird. Symbole sind *vielschichtige Gebilde aus verbal fassbaren, "diskursiven" wie auch averbal "präsentativen" Symbolen.*[36] Als Objekte kommen bildliche und figürliche Darstellungen, Gegenstände aus Natur und Kultur, Formeln mathematischer und sprachlicher Art, Mythen, bestimmte Gesten und Handlungen und anderes in Frage. Die Objekte haben in der Regel mit dem, was durch das Objekt dargestellt werden soll, eine erkennbare Ver-

---

[33] Die religiösen Phänomene sind zu vergleichen mit dem weissen Punkt im schwarzen Teil (oder umgekehrt) des chinesischen Symbols der Yin und Yang - Philosophie. Was zu bestimmter Zeit, an einem bestimmten Ort nicht in Geltung steht, gehört doch immer mit dazu. Die Verbindung zum Ganzen darf auch in der Trennung nicht verloren gehen.

[34] Claudius Matthias, 1740-1815, Der Mond ist aufgegangen: Kirchengesangbuch, Lied 92, Strophe 3

[35] Symbol von Griechisch σύμβόλον: *Erkennungs-, Beglaubigungszeichen, Zeichen zwischen Gastfreunden zur späteren Wiedererkennung...Das abgebrochene Stück einer Sache (z.B. eines Ringes, Würfels, Täfelchens), das mit seinem Bruchrand zu dem anderen Stücke genau passte, so dass man beide zusammenlegen konnte (σύμβάλλειν...zusammenwerfen, -bringen, -tragen)...Derartige Erkennungsstücke vererbten sich auf die Kinder fort.* (Menge-Güthling, σύμβόλον,) Für die neue Symboltheorie heisst das: Dort, wo die Objekte mit ihren Deutungen wieder zusammenfinden, dort leuchtet Sinn auf.

[36] Lorenzer Alfred, Symbol, Sprachverwirrung und Verstehen: Psyche 24, 901

wandtschaft. So eignet sich beispielsweise die Sonne dazu, Einheit darzustellen. Denn für uns alle gibt es offensichtlich erkennbar nur die eine gleiche Sonne. Ein Objekt wird aber erst dadurch zum bedeutungsvollen Symbol, dass wir es deuten, ihm Bedeutung zukommen lassen, es mit Sinn besetzen, gewisse Erkenntnisse und Erfahrungen mit ihm verbinden. Diese Sinneinheiten, Erfahrungen und Erkenntnisse vermag dann ein lebendiges Symbol wieder aus sich herauszusetzen, das heisst, ein Symbol vermag uns wieder an die für unser Leben wichtigen Erfahrungen und Erkenntnisse zu erinnern. Und zwar können mittels Symbolen gleichzeitig verschiedene Erfahrungen erinnert werden, die durch die diskursive Sprache nur nacheinander ins Bewusstsein gebracht werden können. In Symbolen verbindet sich die präsentative integrative Kraft der Objekte mit diskursiver Sprache. In Symbolen verbindet sich intuitiv schauendes Denken mit rational schlussfolgerndem Denken. Im Symbol verbinden sich analoge und digitale Kommunikation. Symbole sind aus menschlichen Erfahrungen und Erkenntnissen heraus geworden und werden bedeutungsvoll nur insofern, als sie mit der aktuellen Alltagserfahrung in Verbindung gebracht werden können. Dort, wo wir für unsere Alltagserfahrungen in den Symbolen Sprache finden oder wo wir zu Symbolen passende Erfahrungen machen, dort leuchtet Sinn auf. Symbole entstehen durch Sprache und ermöglichen Sprache.

b) Klischee und Zeichen

Ein Klischee ist ein Symbol, welches keine Verbindung mehr hat zu alltäglicher Erfahrung und sich nicht mehr vernünftig deuten lässt. Es ist von der sprachlichen Kommunikationsmöglichkeit ausgeschlossen und zwingt von seiner affektiven Besetzung her höchstens zu einer unbewussten Wiederholung. *Der Begriff des Klischees fasst in sich in etwa das klassische psychoanalytische Symbolverständnis des unbewussten und deshalb auch unkommunikablen Symptoms.*[37] Ein Klischee ist also ein "exkommuniziertes" Symbol. Beim Klischee gibt es keine Unterscheidung mehr zwischen Objekt und Deutung. Ein Klischee entsteht aus einem Symbol durch Verlust der Bedeutung, durch Verdrängen der Bedeutung ins Unbewusste. Solche Prozesse können *auch bei ganzen Symbolgemeinschaften eintreten. Luthers reformatorischer Protest richtete sich ja zu einem nicht geringen Teil dagegen, dass Menschen in tiefer Unbewusstheit zwanghaft an Ritualen teilnahmen, deren Sinn ihnen nicht mehr zugänglich war.*[38]
Ein Symbol ist grundsätzlich vieldeutig. Wenn es zu vieldeutig wird, löst es sich auf, und wenn es eindeutig festgelegt wird, erstarrt es zu einem Zeichen, das auch durch einen Begriff ersetzt werden könnte.

4. Symbol und Identität

Durch das neue Symbolverständnis rücken Symbole in ein neues Licht. *Nicht die Verdrängung ruft die Notwendigkeit zur Symbolisierung hervor, sondern der Verzicht auf den Umgang mit Symbolen schafft die Verdrängung. Das Symbol ist nicht das Symptom einer Menschheitsneurose, sondern dann, wenn man die symbolische Kommunikation einstellt, droht die Neurose.*[39] Symbole sind wichtig für die Identitätsfindung.

---

[37] Wagner-Rau Ulrike, Zwischen Vaterwelt und Feminismus, 46

[38] Scharfenberg Joachim, Einführung in die Pastoralpsychologie, 86
Auch heute wird die Taufe nicht immer in Freiheit bewusst begangen. Für viele ist sie zum Klischee geworden, zu einem Ritual, das man unbewusst zwanghaft durchführt.

[39] Scharfenberg Joachim / Kämpfer Horst, Mit Symbolen leben, 67

Symbol und Identität bilden einen hermeneutischen Zirkel. Eine durch Erfahrung und Erkenntnisse gewonnene Identität findet ihren Niederschlag in verschiedenen Symbolen. Die Symbole ermöglichen Erinnerung an die gemachten Erfahrungen, an Konflikte und deren Lösung und die gewonnenen Erkenntnisse und stabilisieren so die Identität. Neue Erfahrungen und Einsichten, führen zu neuen Symbolen oder machen es nötig, bestehende Symbole umzudeuten. Symbole helfen das undifferenzierte Eine, das Chaos des Alls zum Kosmos zu formatieren. Symbole ermöglichen uns also Orientierung im unendlichen Chaos des Einen. Sie vermögen dies aber nur, wenn sie mit der alltäglichen Erfahrung und Sprache in Beziehung bleiben.

5. Die Taufe - ein Symbol wurde zum Klischee

Die Taufe war für mich eine geheimnisvolle Handlung, für welche es keine vernünftige Erklärung gab. Für Freud war sie nach dem damals geltenden Symbolverständnis ein Produkt der Verdrängung, welches durch ein in der Analyse wiedergewonnenes Bewusstsein überflüssig werden sollte. Gemäss dem oben beschriebenen neuen Symbolverständnis ist die Taufe, wie andere Symbole auch, für die Identitätsfindung und als Orientierungshilfe für einen sinnvollen Lebensvollzug entscheidend. Die Taufe ist ein Ritual, eine symbolische Handlung, ein Symbol, welches aus verschiedenen Untersymbolen, wie Taufformel, Wasser, Kreuz, Versprechen, Paten, PfarrerIn, Kirchengebäude, versammelte Gemeinde und anderem, zusammengesetzt ist. Mir (und andern auch) war die Taufe vielleicht durch die Ablehnung des darin enthaltenen normativen Anspruchs zum Klischee geworden, das keine vernünftigen Sinninhalte mehr hergab und sich nicht mehr mit der alltäglichen Erfahrung verbinden liess. Dadurch wurden wichtige Erfahrungen und Erkenntnisse, Konflikte und deren Lösung, die im Taufsymbol ihre Sprache gefunden hatten, aus dem hermeneutischen Regelkreis ausgegliedert. Es geht nun darum, das Potential der Taufe wieder der Vernunft und Erfahrung zugänglich zu machen. Die Taufe muss wieder ihre Deutung finden und so zum lebendigen Symbol werden. Es gibt allerdings nicht nur eine richtige Deutung und Erklärung. Bei jeder Deutung hängt alles davon ab, ob sie den Betroffenen einleuchtet, ob sie Sinn freisetzt. Wir müssen uns dabei an die Wahrheit halten, an die Wahrheit im griechischen Sinn. Die griechische $\dot{\alpha}\lambda\dot{\eta}\theta\epsilon\iota\alpha$[40] ist nicht etwas absolut Unumstössliches, sondern das, was in bestimmter Zeit an bestimmtem Ort nicht verborgen bleibt, sondern eben sichtbar ist. Uns an die Wahrheit halten, heisst das annehmen, was bewusster Erfahrung und vernünftiger Einsicht nicht verborgen ist, im Vertrauen darauf, dass wir die Wahrheit verstehen können, dass wir für sie Sinn finden und so frei werden für das Leben.[41]

Wer sich dort sehend gibt, wo er keine Einsicht hat, verfehlt sein Leben ebenso wie jener, der das, was sich ihm zeigt, verleugnet.[42] Damit Deutung gelingt, braucht es eine psychoanalytische Grundhaltung, das heisst, ein Bekenntnis zu Wahrheit und Ehrlichkeit, zu Ehrlichkeit, die übertünchte Gräber offenlegt und sich dagegen wehrt, Herzen zu Mördergruben zu machen. Diese Haltung baut darauf, dass auch das, was uns schreckt und ängstigt und herausfordert, nicht dazu da ist, unverarbeitet verdrängt, sondern dazu, überwunden, umgestaltet, transzendiert zu werden.

---

[40] $\dot{\alpha}\lambda\dot{\eta}\theta\epsilon\iota\alpha$: $\dot{\alpha}\ \lambda\alpha\nu\theta\dot{\alpha}\nu\epsilon\iota\nu$, nicht verborgen sein
[41] Dazu J 8.32: *Ihr werdet die Wahrheit erkennen (erfahren) und die Wahrheit wird euch frei machen.*
[42] Dazu J 9.39-41

B - Die Taufe aus biblischer Sicht

In diesem Kapitel will ich die biblischen Texte nach Sinn und Form der Taufe befragen; und zwar jene Texte, die ausdrücklich von Taufen und Taufe sprechen. Nach der Begründung der Textauswahl im I. Teil wird im II. Teil eine Formel zum leichteren Verständnis biblischer Tauftexte herausgearbeitet. Im III. Teil werden nach einem Überblick über das Taufgeschehen im AT wichtige Aspekte der Taufe wie Markierung, Reinigung und Einswerdung exemplarisch dargestellt. Auf dem Hintergrund der gewonnenen Erkenntnisse gibt der IV. Teil einen Überblick über das Taufgeschehen im NT und Hinweise zur Klärung wichtiger Fragen zur Taufe.

I. Textauswahl

Gemäss etymologischem Wörterbuch *geht die Verwendung des Verbs* (taufen) *im christlichen Sinn, von got. daupjan aus, womit Wulfila griech. baptizein (βαπτίζειν) wiederholt ein-, untertauchen, kirchensprachlich "taufen" wiedergibt, Erweiterung von griech. baptein (βάπτειν) "untertauchen...*[43]

So dienen mir als Textmarken zum Auffinden der Tauftexte in der Bibel die Taufwörter βάπτω, βαπτίζω, und die von βαπτίζω abgeleiteten Wörter βαπτισμός, βάπτισμα, und βαπτιστής. Wenn ich im folgenden von Tauftexten spreche, meine ich jene Abschnitte der Bibel, in welchen eines dieser 5 Wörter vorkommt. Es liegt auf der Hand, dass auch dort, wo keines dieser fünf Wörter steht, Hinweise auf die Taufe zu finden wären.[44] Aber wenn wir in begrenzter Zeit auf begrenztem Raum ein Thema mit System bearbeiten wollen, müssen wir uns beschränken. Mittels dieser fünf Wörter erreichen wir mit einer Ausnahme[45] alle Verse, in denen die Lutherübersetzung 84 den Wortstamm "tauf" braucht. Die Textmarken sind also in dieser Richtung zuverlässig. Umgekehrt aber werden die Wörter in deutschen Bibelübersetzungen nicht immer mit "taufen" übersetzt. In der Lutherübersetzung 84 im NT wird βαπτίζω, abgesehen von zwei Ausnahmen[46], immer mit "tauf..." übersetzt, βάπτω dagegen nie[47]. Im AT werden beide Verben nie mit "taufen" übersetzt.[48] Trotzdem sind gerade die Tauftexte des AT für das Verständnis der Taufe im NT sehr hilfreich, und deshalb werde ich sie in meine Betrachtung einbeziehen.

---

[43] Pfeifer Wolfgang, etymologisches Wörterbuch, taufen, 1789

[44] Dinkler weist in diesem Zusammenhang auf folgende Wörter hin: λουτρόν, σφραγίς, σημεῖον, στίγμα, χρῖσμα, ὄνομα, λούειν, σφραγίζειν, ἁγιάζειν, χρίειν, Βεβαιοῦν, στηρίζειν. (Dinkler Erich, Taufe im Urchristentum: RGG 6, 627) Darüber hinaus würden sicher noch weitere Abschnitte in der Bibel einen Beitrag zum Verständnis der Taufe liefern. Denn letztlich hängt ja eines mit allem zusammen.

[45] 1Ti 3.6: Neugetaufter (νεόφυτον)
[46] Mk 7.4; Lk 11.38: waschen
[47] Lk 16.24; J 13.26: eintauchen / Apk 19.13: tränken

[48] In der Übersetzung von Hausherr in der Zürcher Bibel finden wir dort, wo in der Septuaginta βάπτω oder βαπτίζω steht: tunken, eintauchen, hineintun, baden, benetzen, untertauchen, waschen, versenken.

II. Semantik und Syntax von Taufwörtern und Tauftexten

1. Die Bedeutung der Taufwörter

Βάπτω kommt im NT[49] 4mal und in der Septuaginta 18mal vor. In der Septuaginta steht es meistens anstelle des hebräischen Verbs טבל, zweimal für צבע und je einmal für בוא, und מחץ.

Βάπτω bedeutet eintauchen, und je nach Zusammenhang, in dem es gebraucht wird, ergeben sich Übersetzungen wie *netzen, tränken* (einen Schwamm ins Wasser eintauchen), *baden, härten* (Eisen nach dem Schmieden in Oel und Wasser eintauchen), *stählen, legieren* (Zinn in Kupfer eintauchen), *füllen* (das Litermass in die Milch eintauchen), *färben* (Stoff in Farbe eintauchen), *trüben*[50]. Bauer schlägt für βάπτω *eintauchen, in Farbe tauchen*[51] als Übersetzung vor.

Von Βάπτω gibt es viele Ableitungen, unter anderen auch das für die Tauftexte besonders interessante Verb βαπτίζω.

Βαπτίζω kommt im NT 81mal vor, wenn wir die Varianten von Mt 22f dazunehmen. In der Septuaginta steht es 4mal für das hebräische Verb טבל.

Die erweiterte Verbform Βαπτίζω trat an Stelle von Βάπτω, weil dieses fast ausschliesslich übertragen als färben benützt wurde.[52] *Im allgemeinen drücken Verben auf* ιζω *eine Wiederholung oder Verstärkung des einfachen Verbalbegriffes aus.*[53]

Menge-Güthling schlägt für βαπτίζω folgende Übersetzungen vor: *eintauchen, untertauchen, benetzen, begiessen, übergiessen, waschen, taufen, betrunken machen, überschütten, überhäufen, begraben.*[54] Bauer begnügt sich mit Übersetzungsvorschlägen wie *eintauchen, untertauchen, sich eintauchen, sich waschen.*[55] Die Grundbedeutung von βάπτω und βαπτίζω ist eintauchen. Ein entscheidender Bedeutungsunterschied zwischen beiden Verben lässt sich nicht ausmachen.

In fast allen Tauftexten ist es ohne weiteres möglich und sinnvoll, sowohl βάπτω als auch βαπτίζω mit "eintauchen" zu übersetzen. Schon diese Erkenntnis ist für das Verständnis der einzelnen Texte sehr hilfreich. Ob, und wenn ja, inwiefern es dennoch dienlich sein kann, ein besonderes Eintauchen mit Taufen zu bezeichnen und es so von einem gewöhnlichen, alltäglichen Eintauchen zu unterscheiden, muss sich noch erweisen. Das Griechisch des NT jedenfalls hat es nicht nötig, hier zu unterscheiden. Es bezeichnet das alltägliche Waschen der Hände vor dem Essen[56] genauso mit βαπτίζω wie das Eintauchen in den Tod[57] oder den heiligen Geist.[58]

Vom Verb βαπτίζω sind die weiteren Taufwörter βαπτισμός, Βάπτισμα, und βαπτιστής abgeleitet. Sie kommen in der Septuaginta nicht vor. Bis zur Zeit des NT ist βάπτισμα auch im ausserbiblischen Sprachgebrauch nicht belegt. Es ist ein original christliches Wort.

---

[49] Griechischer Text: Novum Testamentum Graece 26

[50] Menge-Güthling, Wörterbuch, βάπτω, 131 (Die Beispiele in Klammern sind vom Verfasser beigefügt.)

[51] Bauer Walter, Wörterbuch, βάπτω, 266

[52] Frisk Hjalmar, etymologisches Wörterbuch, βάπτω, 218f

[53] Kühner Raphael, Grammatik, 261

[54] Menge-Güthling, Wörterbuch, 131

[55] Bauer Walter, Wörterbuch, 265

[56] Mk 7.4

[57] Rö 6.3

[58] Mk 1.8

Βαπτισμός und Βάπτισμα bedeuten *das Untertauchen, die Taufe, wobei* βαπτισμός *den Akt an sich*, βάπτισμα *den Akt mit Einschluss des Resultats und daher die Institution bezeichnet.*[59] Die Taufe ist also eine Tauchhandlung oder ein Geschehen, das mit einer Tauchhandlung in Beziehung steht, ein Tauchgeschehen.

Βάπτισμα steht immer im Singular und ist oft durch einen Genitiv näher bezeichnet. So heisst es etwa: sein Eintauchen, das Eintauchen des Johannes oder das Eintauchen der Metanoia. Ferner ist auch vom Eintauchen in den Tod die Rede oder von einem Herrn, einem Glauben, einer Taufe.

βαπτιστής heisst Täufer (Eintaucher) und ist Beiname des Johannes. Er kommt im NT ausschliesslich bei den Synoptikern vor. Ein solcher Beiname *entspricht der jüdischen Sitte, Träger desselben Namens durch einen Zusatz zum Namen zu differenzieren.*[60]

2. Die formalen Elemente des Taufgeschehens

Für den Taufakt sind drei Elemente konstitutiv: Es braucht eine Person, die eintaucht, einen Tauchgegenstand oder eine Person, die eingetaucht wird und ein Tauchbad, das heisst ein Tauchmedium. Ob die Vorstellung eines besonderen Tauchmediums überall sinnvoll ist, soll später geprüft werden.[61]

Als Tauchmedien werden im AT genannt: Wasser, Blut, Oel, Essig, Honig, Unrat, und Tau des Himmels. Als handelnde Subjekte werden verschiedene Personen mit Namen genannt. Dazu kommen die Ältesten Israels, gesalbte Priester und reine Männer. Eingetaucht oder besprengt werden verschiedene Gegenstände, Häuser und Zelte, verschiedene Körperteile oder der ganze Körper von Aussätzigen und Unreinen.

Im NT sind die Tauchmittel nicht immer materieller Art. Folgende werden genannt: Wasser, Jordan, Meer, Wolke, heiliger Geist, Feuer, Taufe der Metanoia, Taufe des Johannes, sein (Christi) Tod, Name des Vaters, des Sohnes, des heiligen Geistes, Name Jesu Christi, des Herrn Jesus, des Paulus, dann auch Christus, Jesus und Moses. Als Personen, die eintauchen, werden ausschliesslich Männer genannt. Eingetaucht werden meistens Menschen.

Selbstverständlich können in einzelnen Textabschnitten eines oder zwei dieser drei Elemente ungesagt bleiben. Manchmal ist nur von der eintauchenden Person die Rede oder nur von den Eingetauchten.

Im Idealfall können wir das Tauchgeschehen mit folgender Formel beschreiben: "Jemand taucht etwas oder jemanden in etwas hinein."

3. Präpositionen

Das Tauchmedium steht im Genitiv, Dativ oder Akkusativ. Beim Tauchmedium steht oft eine Präposition. Im NT finden wir meistens ἐν, oder εἰς und einmal ἐπί, im AT neben ἐν und εἰς fünfmal ἀπο.

Für das Verständnis der Taufhandlung ist die Übersetzung der Präpositionen von entscheidender Bedeutung. Von der Grundbedeutung "eintauchen" der Verben her liegt es nahe, die Präpositionen mit "in" zu übersetzen. Gibt es von der Grammatik her dagegen etwas einzuwenden?

ἐν *bezeichnet das In-, Auf-, An- und Nebeneinander der Dinge und entspricht ganz dem altdeutschen in, das dieselben Bedeutungen in sich vereinigt, als: in cruce (d.h. an dem Kreuze), in themo Berge (d.h. auf dem Berge), indem es überhaupt eine wirkliche Vereinigung mit einem Gegenstande bezeichnet und daher*

---

[59] Oepke Albrecht, βαπτισμός, βάπτισμα: ThWNT 1, 543
[60] ebd. 544
[61] Albrecht Oepke hat Einwände dagegen. Vgl. dazu: Exkurs: Der Name als Taufmedium in Fussnote 132.

einen Gegensatz zu ἐκ bildet. Der Dativ bei ἐν vertritt den urspr. Lokativ...[62] ἐν kann in örtlichem, zeitlichem und übertragenem Sinn gebraucht werden. Je nach Situation könnte es etwa mit *in, unter, zwischen, umhüllt von oder während*[63] übersetzt werden.

εἰς *ist nichts anderes als eine abgeänderte Form von* ἐν, *und so übernimmt in vielen Dialekten* ἐν *zugleich die Funktion von* εἰς, *indem es neben dem lokativischen Dativ (auf die Frage wo?) auch den Akkusativ des Ziels (auf die Frage wohin?) zu sich nimmt.*[64]

Bauer sieht für beide Präpositionen eine Vielzahl von möglichen Bedeutungen in Frage kommen. Der Gebrauch von ἐν sei so vielseitig und verschwommen, dass eine genaue Systematik unmöglich sei. Als erste, wichtigste Möglichkeit für ἐν nennt Bauer "in[65]" und für εἰς "in - hinein[66]". Dies sind also genau jene Übersetzungen, die zur Grundbedeutung der Verben "eintauchen" passen. Von der Grammatik her scheint also der Formel, "jemand taucht jemanden oder etwas in etwas ein oder hinein", nichts im Wege zu stehen.

ἐπί mit Dativ finden wir nur in AG 2.38. Kühner schreibt dazú in seiner Grammatik: Es steht *zur Angabe des Verweilens nicht nur, wie beim Genitiv auf, sondern, und zwar häufiger in erweiterter Bedeutung an oder bei einem Orte.*[67]

ἀπό mit Genitiv finden wir fünfmal im AT in Verbindung mit dem Verb βάπτω. In Lk 16.24 steht dieses Verb einmal mit Genitiv ohne Präposition. Die Grundbedeutung von ἀπό ist "von - her, seit, von". Die Ableitung dieser ἀπό - Konstruktionen vom ursprünglichen Bild des Eintauchens lässt sich an Da 4.33 schön zeigen: *Und sein Körper wurde benetzt vom Tau des Himmels.*[68] Das heisst: Sein Körper war nass, weil er eingetaucht wurde in den Tau des Himmels.

4. Voraussetzungen für das Gespräch mit den biblischen Tauftexten

Die anhand eines ersten Überblicks gewonnene Formel "jemand taucht etwas oder jemanden in etwas ein", die, wie oben gezeigt, philologisch, grammatikalisch zu vertreten ist, soll für dieses "Gespräch" eine Hilfe sein. Natürlich sagt diese Formel noch nichts über den Sinn der Taufhandlung, aber sie erleichtert es, eine Verbindung der Bilder mit den ihnen zugrunde liegenden realen, sinnlich fassbaren Erfahrungen herzustellen.

Ausgehend von der gewonnenen Formel mache ich mich nun auf zum Gespräch mit einzelnen Tauftexten der Bibel. Dabei werde ich keinen Unterschied machen zwischen βάπτω und βαπτίζω. Es wird mir vor allem darum gehen, die Tauftexte von meinen Erfahrungen her zu begreifen und im Gespräch mit diesen Texten Sprache zu finden für meine Erfahrungen. Ich werde die Texte so lesen, als ob sie für meine heutige Situation geschrieben worden wären. Ich werde sie also vor allem auf der synchronen Ebene lesen, auf der Stufe der Endredaktion. So nämlich liegen sie vor mir in "wissenschaftlich kritischer" Ausgabe, in blauem

---

[62] Kühner Raphael, Grammatik, 466f

[63] ebd.

[64] ebd. 468

[65] Bauer Walter, Wörterbuch, 521

[66] εἰς *bezeichnet die Richtung in das Innere einer Sache oder doch in ihre unmittelbare Nähe.* (Bauer Walter, Wörterbuch, 459)

[67] Kühner Raphael, Grammatik,

[68] Septuaginta θ, Da 4.33

Kunstledereinband mit goldener Schrift. Dabei ist mir natürlich bewusst, dass alle Texte von konkreten Menschen in einer geschichtlichen Situation überliefert, geschrieben, überarbeitet und vielleicht in kritischer Durchsicht alter Quellen neu zusammengestellt und herausgegeben worden sind. Aber nicht, dass diese Texte in grauer Vorzeit unter anderen Koordinaten von Raum und Zeit geschrieben wurden und wer mit ihnen wem, was, wann, wo, wozu sagen wollte, war für mich das Problem, sondern weshalb sie verschiedenen Menschen heute noch wichtig sind.

III. Taufe im Alten Testament

1. Überblick

Die Tauftexte im AT sind, soweit wir uns auf die Tauchhandlung an sich beschränken, anschaulich und leicht nachvollziehbar. Mit einer Ausnahme[69] sind die Tauchmedien konkret. Die Subjekte der Tauchhandlung sind Menschen. Auch der Zweck, beziehungsweise das Ziel der Tauchhandlung ist meistens klar ersichtlich. Am häufigsten steht die Tauchhandlung in einem Handlungszusammenhang, der auf Reinigung hinzielt. Es geht um Reinigung nach Kontakt mit Leichen von Tieren oder Menschen[70] oder um die Reinigung (Heilung) von Aussatz.[71] In drei Texten dient die Tauchhandlung dazu, Sühne zu schaffen.[72] Einmal ist eine Tauchhandlung nötig, um die Häuser der Israeliten zu markieren.[73] Zweimal geht es ums Essen: Ruth taucht ihren Bissen in den Essig[74] und Jonathan einen Stock in den Honig[75]. Einmal tauchen die Priester ihre Füsse ins Wasser, um den Jordan zu durchqueren.[76] Hasael taucht eine Decke ins Wasser um den König von Syrien damit zu ersticken.[77]

Bei vielen Tauftexten wird auch deutlich, in welcher Weise die Tauchhandlungen der beabsichtigten Wirkung, rein materiell betrachtet, dienlich sind. Es leuchtet ein, dass man zur Überquerung eines Flusses mindestens die Füsse ins Wasser eintauchen muss. Eine mit Wasser vollgesogene Decke ist luftundurchlässig, und so wird es leichter sein, damit jemanden zu ersticken als mit einer trockenen. Und es ist selbstverständlich, dass beim Hineintauchen Honig am Stock haften bleibt, oder der Bissen Brot sich vollsaugt, wenn man ihn in Essig[78] taucht. Es ist auch nachvollziehbar, dass man Blut als Farbe benützen kann, um damit mittels eines Ysop-Büschels, den man als Pinsel verwendet, Türpfosten zu markieren. Geheimnisvoll bleibt, dass Gott eine solche Markierung nötig hat, um die Seinen von den Andern zu unterscheiden. Auch die Reinigung verschmutzter Geräte oder Körperteile mit Wasser ist grundsätzlich gebräuchlich. Aber dass einer durch siebenmaliges Untertauchen im Fluss augenblicklich von einer schweren Krankheit geheilt wird, ist

---

[69] In Hi 9.31 dient Unrat als Tauchmedium.

[70] Lev 12.32; Num 19.18; Sir 34.25

[71] Lev 14.6,16; 4Kö 5.14

[72] Lev 4.6,17; 9.9; 14.51

[73] Ex 12.22

[74] Ru 2.15

[75] 1Kö 17.27

[76] Jos 3.15

[77] 4Kö 8.15

[78] Viele dieser Tauchhandlungen haben über die rein physikalische Wirkung hinaus auch symbolische Bedeutung. Zum Beispiel ist es ein Symbol von Gemeinschaft, wenn alle an der Ernte beteiligten ihren Bissen in den gleichen Essig eintauchen.

schon wunderbar. Und das komplizierte Verfahren zur Reinigung vom Aussatz in Leviticus kann man formal zwar nachvollziehen, aber die Heilung davon abhängig zu machen, mutet heute komisch an.[79] Auch die Sündopfer, mit denen die Priester Sühne schaffen sollen, sind präzis beschrieben. Aber dass diese Sündopfer Verfehlungen wieder gut zu machen vermögen, dazu braucht es einen Glauben, der alles vermag.

2. Aspekte der Taufe am Beispiel ausgewählter Texte des Alten Testaments

An drei ausgewählten Texten des AT sollen nun drei wichtige Aspekte der Taufe dargestellt werden.

a) Markierung - Die blutigen Türpfosten

[80]Es geht um den Auszug aus Ägypten, den der Pharao den Israeliten nicht gewähren will. Da andere Plagen bisher den Pharao nicht weich zu machen vermochten, soll nun jede Erstgeburt bei Vieh und Mensch sterben. Die Israeliten sollen ein Lamm schlachten (Passa) und mit dem Blut die Türpfosten bestreichen, damit Jahwe, wenn er durch die Städte zieht, um die ägyptische Erstgeburt zu schlagen, an ihren Häusern vorübergeht.

Deshalb sprach Mose zu den Ältesten Israels: *Nehmt einen Büschel Ysop und taucht es in das Blut im Bec??ken, und streicht von dem Blut im Becken an die Oberschwelle und die beiden Türpfosten; von euch aber soll bis zum Morgen keiner vor die Türe seines Hauses treten.*[81]

Die Markierung mit Blut erlaubt eine klare Zuordnung zu zwei Gruppen, zur Gruppe Jahwes, den Israeliten, und zur Gruppe der Ägypter. Ich sehe in dieser Handlung eine Parallele zur heutigen Taufpraxis, wo oft den Kindern mit Wasser ein Kreuz, das Symbol Christi, auf die Stirn gemalt wird, damit Christus sie als die Seinen erkennt. In Ägypten wurden nicht die Türpfosten eingetaucht, sondern ein Ysopbüschel, mit welchem dann etwas vom Tauchmedium auf die Türpfosten übertragen wurde. Und heute wird nicht das Kind ins Taufwasser getaucht, sondern der Pfarrers / die Pfarrerin taucht einen Finger ins Taufwasser und überträgt damit etwas davon auf die Stirn des Kindes. Unter diesem Aspekt ist das Tauchmedium Farbe. Es ist von der Erfahrung her durchaus einleuchtend, dass man einen zu färbenden Gegenstand in Farbe eintauchen oder wie hier mittels in Farbe eingetauchtem "Pinsel" färben kann. Die Tauchhandlung steht hier im Dienst der Markierung. Eine solche Markierung macht die Gruppenzugehörigkeit sichtbar.[82]

b) Reinigung - Naeman wird im Jordan vom Aussatz geheilt

[83]Naeman, der Feldhauptmann des Königs von Syrien, war an Aussatz erkrankt. Ein kleines Mädchen aus Israel diente im Hause Naeman. Und es meinte, der Prophet von Samaria, Elisa, könnte ihren Herrn,

---

[79] Obwohl: Dieses Reinigungsverfahren hat verblüffende Ähnlichkeit mit einer kinesiologischen Therapie heute, Ende des 20. Jahrhunderts.

[80] Ex 11+12
[81] Zürcher Bibel Ex 12.22

[82] Am Blut an den Türpfosten erkennen sich die Jahwegläubigen. An der Tatsache, dass sie sich dem Taufritual unterziehen, erkennen sich die Christen. Bei den Christen ist nur der Markierungsvorgang den Sinnen zugänglich, die Markierung selbst bleibt unsichtbar und muss belegt werden durch den Taufschein.

[83] 2Kö 5

Naeman, sicher vom Aussatz befreien. Deshalb schickte der König von Syrien seinen Feldhauptmann, Naeman, zum König von Israel mit einem Bittschreiben, Naeman vom Aussatz zu befreien.

Der König Israels aber empörte sich über diese Bitte mit den Worten: *Bin ich denn ein Gott, der töten und lebendig machen kann?*[84]

Elisa aber wollte zeigen, dass es einen Propheten in Israel gibt und gebot Naeman, allerdings ohne ihn persönlich zu empfangen, sich siebenmal im Jordan unterzutauchen. Naeman war zornig über diese Behandlung und sagte: *Sind nicht der Abana und der Parpar, die Flüsse von Damaskus, besser als alle Wasser in Israel?*[85] Nach Zureden seiner Gefolgsleute ging er dann doch *hinab und tauchte siebenmal*[86] *im Jordan unter, wie der Gottesmann geboten hatte. Da wurde sein Leib wieder rein wie der Leib eines kleinen Kindes,*[87] und er erkannte, *dass es keinen Gott gibt auf der ganzen Welt als in Israel*[88].

In dieser Heilungsgeschichte wird der Reinigungsaspekt der Taufe und die Bedeutung des Glaubens für die Taufe besonders deutlich. Zweimal wird der Glaube Naemans wichtig: zuerst, als er der Botschaft des kleinen Mädchens vertraute und um der Heilung willen Aufwand und Reise nach Israel nicht scheute, dann, als er der Anweisung Elisas, sich siebenmal im Jordan unterzutauchen, gehorchte, obschon ja im eigenen Land, wie Naeman sagte, "bessere" Flüsse flossen. Die von der Tauchhandlung erhoffte Wirkung ist Heilung, Reinigung vom Aussatz. Es geht hier also darum, dass der Aussatz von Naeman abgewaschen wird, nicht darum, dass etwas vom Tauchmedium haften bleibt wie bei der Markierung der Türpfosten in Ex 12. Die Vorstellung, dass der Aussatz vom Jordan[89] weggespült werden könnte, ist von der Erfahrung her, dass sich mit Wasser Schmutz vom Körper waschen lässt, einleuchtend. Jedenfalls kann eine solche Erfahrung den Glauben an Heilung stützen. Als Glaubender wurde Naeman auf wunderbare Weise heil. Sein Glaube hatte ihn geheilt.[90] Und diese Erfahrung führte ihn auch zur Erkenntnis Gottes.

---

[84] Zürcher Bibel 2Kö 5.7
[85] ebd. 5.12

[86] Die Zahl 7 erinnert an die 7 Schöpfungstage, und die Zahl 7 spielt auch sonst in der Bibel eine wichtige Rolle: Jedes 7. Jahr ist ein Sabbatjahr und nach dem 7. Sabbatjahr folgt ein Halljahr. Auf die 7 fetten folgten die 7 mageren Jahre. Bei den Speisungen der Vielen waren es 7 Brote, und Jesus trieb von Maria Magdalena 7 Teufel aus. In der Johannesoffenbarung gibt es 7 goldene Leuchter, 7 Geister Gottes, ein Buch mit 7 Siegeln und 7 Engel, die vor Gott stehen. Die Zahl 7 erinnert auch an die 7 Tage unserer Woche, die 7 Farben des Regenbogens, die 7 Töne der Tonleiter und an die 7 Organe der Seele, die 7 Chakras.

[87] Zürcher Bibel 2Kö 5.14
[88] ebd. 5.15

[89] Erfahrungen mit einem Fluss sind noch heute etwas Besonderes: Der Fluss reinigt, bringt in Fluss, macht lebendig und frei, beruhigt und heilt.
Öfters stand ein Mensch in der frischen Aare und spürte und stellte sich vor, wie Verspannungen im Körper durch Rüc??ken und Beine hinunterwanderten zu den Füssen und dort von der Aare weggespült wurden.
Oder er stand in der Abenddämmerung an der Aare, müde und beladen von den Sorgen der Zeit. Und nach einigem Zögern, fasste er Vertrauen, tauchte in den Fluss ein und strömte mit ihm mit. Und wenn er einige hundert Meter flussabwärts wieder hinausstieg aus der Aare, war er nicht mehr der Gleiche, er fühlte sich lebendig, frei und klar. Da war einiges im Fluss zurückgeblieben, Sorgen und Spannung, Verwirrung und Last.
Und es gibt da auch noch eine Geschichte von einer Berner Ärztin, die an multipler Sklerose erkrankt war, und dann von irgendwem an die Aare "überwiesen" wurde. Seither taucht sie täglich ein in den Fluss, auch im Winter und strömt mit der Aare ein Stück mit. Und dabei ist sie wieder zu Kraft gekommen und zu Lebensmut.

[90] Dass es eigentlich der Glaube ist, der heilt, dies bestätigte Jesus öfters in den Evangelien. 7mal sagte er: *Dein Glaube hat dich geheilt.* (ἡ πίστις σου σέσωκέν, so in Mt 9.22; Mk 5.34; 10.52; Lk 7.50; 8.48, 17.19, 18.42). Einmal

Bei vielen Tauchhandlungen im AT geht es um Reinigung. Der Heilung von Aussatz, dem Sündopfer und der Reinigung nach Leichenberührung ist gemeinsam, dass etwas, was nicht zum Tauchgegenstand, beziehungsweise Täufling gehört, von ihm weggenommen werden soll. Eintauchen als Symbol der Reinigung ist einleuchtend. Wasser ist hier ein Reinigungsmittel.

c) Einswerdung - Die Taufe im Tau des Himmels

[91]König Nebukadnezar war überheblich und dachte, dass er das grosse Babel zu seinem Ruhme und seiner Macht selbst erbaut hatte. Darauf wurde er aus der menschlichen Gesellschaft ausgestossen und musste bei den Tieren des Feldes unter freiem Himmel eingetaucht in den nächtlichen Tau[92] sein Dasein fristen, bis er demütig wurde und zur Einsicht kam und dem Höchsten dankte und den Ewigen pries.

Nebukadnezar hatte seine Möglichkeiten und Grenzen aus den Augen verloren und war hochmütig geworden. Er hatte vergessen, worin seine Macht, sein Ruhm und seine Kraft gründeten. Er hatte vergessen, dass das grosse schöne Babel nicht sein eigenes Werk war, sondern ein Gemeinschaftswerk.

Deswegen wurde er ausgestossen aus der Gemeinschaft und musste in der freien Natur leben wie die wilden Tiere. Er wurde sieben[93] Zeiten lang eingetaucht in die Natur, in den nächtlichen Tau des Himmels. Und dabei kam er zur Einsicht. Er erkannte sich als Kreatur, die ihr Leben wie Tiere und Pflanzen dem Schöpfer verdankt, dem Höchsten, dem Ewigen. Er erkannte sich als Teil dieser einen Schöpfung und dass er als Geschöpf eingefügt war in die menschliche Gemeinschaft. Er erkannte, dass er im Grunde eins ist mit der Natur und eins mit der Gemeinschaft in der er lebte.

Die Taufe in die Natur, in den nächtlichen Tau des Himmels reinigte ihn von seiner Überheblichkeit, sie ermöglichte ihm eine Sinnesänderung[94], ein Umdenken, eine andere Einstellung zu Natur und menschlicher Gemeinschaft. Sie brachte ihn zur Einsicht und zum Einssein[95].

An diesem Beispiel werden drei wichtige Aspekte des Taufsymbols deutlich: Reinigung, Eins-sein und Einsicht. Bei der ersten Durchsicht der biblischen Tauftexte kam ich in diesem Zusammenhang zu folgender "Definition" der Taufe:

---

sagte er: Gemäss eurem Glauben soll euch geschehen. (Mt 9.29). Wie aber der Glaube zustande kommt, wie Naeman dazu kam, zu vertrauen, dass er im Jordan geheilt werde, bleibt ein Geheimnis. Wir können über den Glauben nicht verfügen, aber der Glaube scheint durch Erfahrungen und vernünftige Vorstellungen begünstigt zu werden.

[91] Da 4.1-5.31

[92] *Zur selben Stunde ward das Wort an Nebukadnezar erfüllt; er wurde aus der Gesellschaft der Menschen ausgestossen, nährte sich von Gras wie das Vieh, und sein Leib ward benetzt vom Tau des Himmels, bis sein Haar so lang war wie Adlerfedern und seine Nägel wie Vogelkrallen.* (Da 4.30)
"Benetzt werden vom Tau des Himmels": Dieser Ausdruck erscheint fünfmal in der Zürcher Bibel: In allen fünf Stellen steht das hebräische Verb צבע. In der Septuagintafassung nach Theodotion wird צבע mit drei verschiedenen griechischen Verben übersetzt. Einmal steht κοιτασθήσεται, je zweimal αὐλισθήσεται und unsere Textmarke βάπτω.

[93] Assoziationen zur Zahl 7, siehe Fussnote Nr. 86

[94] Sinnesänderung, Umdenken, andere Einstellung sind mögliche Übersetzungen des griechischen Wortes μετάνοια.

[95] Einswerdung, Gemeinschaft klingt auch in der Geschichte von Ruth und Boas an.(Ru 2.14) Das Eintauchen der Bissen in den gleichen Topf symbolisiert Gemeinschaft.

Die Taufe wäscht ab die Spuren von Raum und Zeit.

In ihr werden wir eins mit dem, was wir sind.

Aus ihr nehmen wir mit das Siegel des Seins, ein liebes, warmes Leuchten.[96]

3. Erkenntnisse für die Taufe aus dem Alten Testament

Aus den Texten des AT wird deutlich, dass die Tauchhandlung (Taufe) in der Regel mit einer bestimmten Absicht vollzogen wird, dass von der Tauchhandlung verschiedene Wirkungen erwartet werden. Diese Wirkungen sind von der Erfahrung mit alltäglichen Tauchhandlungen her verständlich.[97] Erst von diesen realen Erfahrungen her wird auch ein Tauchgeschehen verständlich, das als Symbol für eine Wirklichkeit steht, die nicht sinnfällig, offensichtlich ist. Bei der Tauchhandlung bleibt entweder etwas am Tauchgegenstand haften (markieren, färben), oder es wird etwas weggespült (reinigen, abwaschen), oder die Eigenschaften des Tauchgegenstandes werden verändert (härten, legieren, einswerden). Je nach Situation sind bei der Tauchhandlung der eine oder andere, zwei oder alle drei Aspekte wichtig.

Wir können nun die Formel aus dem II. Teil dieses Kapitels ergänzen: Jemand taucht jemanden oder etwas in etwas hinein zum Zweck der Markierung, Reinigung und Veränderung.

IV. Taufe im Neuen Testament

1. Überblick

Anzahl Vorkommen pro 100 Seiten[98]		
Verben	AT	NT
βαπτίζω	0.38	29.35
βάπτω	1.73	1.45

Im NT sind die Tauchhandlungen viel häufiger als in der Septuaginta. Wenn wir das Vorkommen der Verben βάπτω und βαπτίζω mit dem Textumfang in Beziehung bringen, ergibt sich nebenstehendes Bild: Die Tauchmedien im NT sind nicht immer konkret[99]. Eingetaucht werden meistens[100] Menschen. Als Täufer werden ausschliesslich Männer genannt, namentlich Johannes, Jesus, Philippus und Paulus.

Die Bedeutung des Tauchgeschehens ist nicht immer klar ersichtlich. Das Tauchgeschehen dient öfters als Symbol für ein Geschehen, das den Sinnen verborgen ist. Es wird nicht immer deutlich, ob die Tauchhandlung Zeichen ist für eine schon bestehende Wirklichkeit (Metanoia, Glaube, Aufnahme in die Gemeinschaft u.s.w.) oder ob sie eine neue Wirklichkeit schaffen soll. Folgende Bedeutungsaspekte klingen im NT für

---

[96] Es klingen in dieser Definition die drei wichtigen Stufen im mystischen Erleben an: purgatio, unio mystica, illuminatio.

[97] Vgl. dazu: Bedeutungen von βάπτω, Seite 28

[98] Berechnung nach einer deutschen Übersetzung (Herderbibel)

[99] Vergleiche dazu die Aufzählung der Tauchmedien im Kapitel "Die formalen Elemente des Taufgeschehens" auf Seite 29. Ob Namen und Personen als Tauchmedien möglich und sinnvoll sind, wird im Exkurs "Der Name als Taufmedium" in Fussnote 132 besprochen.

[100] In Mk 7.4 sind es die Hände, die vor dem Essen gereinigt werden sollten. In Lk 16.24 sollte Lazarus mit dem in Wasser eingetauchten Finger dem Reichen die Zunge kühlen. In J 13.26 taucht Jesus einen Bissen ein und gibt ihn Judas und macht ihn so offenbar als (zum?) Verräter. In Apk 19.13 geht es um ein in Blut eingetauchtes Gewand.

das Taufgeschehen an: Glauben bestätigen und wirken, Sünden bekennen und vergeben, Rettung, Reinigung und Metanoia, Spreu vom Weizen trennen, den heiligen Geist empfangen und die Gottessohnschaft erkennen, Israel mit Jesus bekannt machen, Jünger gewinnen, Gleiches wie Jesus erleiden und Christus gleich werden, Gemeinde, einen Leib, Einheit bilden. Weil das Tauchgeschehen im NT nicht sehr anschaulich ist, scheint es mir wichtig, die Erkenntnisse aus dem AT und eigene Taucherfahrungen als Hintergrund zum Verständnis der Taufsymbolik im NT mitzuberücksichtigen.

Die folgende Zusammenstellung bietet einen Überblick[101] über die Taufthemen des NT. Die erste in Klammer angegebene Bibelstelle verweist auf jenen Text, in welchem das Thema meines Erachtens am schönsten zur Sprache kommt:

a) Die Taufe in den Evangelien
Johannes tauft im Jordan auf Metanoia hin (Mk 1.1-8; Mt 3.1-12; Lk 3.1-18; J 1.19-28; AG 2.38, 13.24, 19.1-7)
Jesus lässt sich von Johannes taufen (Mk 1.9-11; Mt 3.13-17; Lk 3.21f J 1.29-34)
Jesus und die Johannesjünger (Lk 7.18-23)
Der Kleinste im Himmelreich ist grösser als jeder von einer Frau Geborene (Mt 11.7-19; Lk 7.24-35)
Jesus taufte in Judäa (J 3.22-4.3)
Die Enthauptung Johannes des Täufers (Mk 6.14-29; Mt 14.1-12, 16.13-20; Lk 3.19f; AG 13.24)
Jesus geht zur Stelle, wo Johannes getauft hat (J 10.40-42)
Innere und äussere Reinheit (Lk 11.37-44; Mt 15.1-19; Mk 7.1-23)
Kelch und Taufe ertragen (Mk 10.35-40; Mt 20.20-23)
Wie ist mir so bange vor der Taufe (Lk 12.49-53)
War die Taufe vom Himmel oder von den Menschen? (Mk 11.27-33; Mt 21.23-27; Lk 11.27-33)
Der Taufbefehl Jesu (Mt 28.16-20; vgl. Mk 16.14-18)

b) Die Taufe in der Apostelgeschichte
Die Taufe in heiligem Geist (AG 1.4f; Mk 1.8 par.)
Die Taufe als Beginn des Wirkens Jesu - Ersatz für Judas (AG 1.21f)
Metanoia - Taufe - Vergebung der Sünden - Empfang des heiligen Geistes (AG 2.37-41; vgl. Mk 1.4 par.)
Der Zauberer Simon lässt sich taufen und will die Gabe des Handauflegens kaufen (AG 8.9-17,-24)
Philippus tauft den Kämmerer der Königin von Äthiopien (AG 8.35-40)
Bekehrung und Taufe des Saulus (AG 9.1-19, 22.1-21)
Empfang des heiligen Geistes ohne Wassertaufe (AG 10.34-48, 11.11-18)
Gastfreundschaft der Lydia (AG 16.14f)
Ein Gefängnisaufseher lässt sich taufen (AG 16.30-34)
Ein Synagogenvorsteher lässt sich taufen (AG 18.7f)
Die Taufe des Johannes bringt den heiligen Geist nicht (AG 18.24-26, 19.1-7)

c) Die Taufe in den Briefen
Die Taufe in den Tod (Rö 6.1-6; Kol 2.11f)
Taufe und Spaltungen in der Gemeinde (1Kor 1.10-17)
Die Taufe garantiert uns nicht das Heil (1Kor 10.1-13)
Taufe und Einheit (1Kor 12.12-20; Gal 3.23-28; Eph 4.1-6)
Taufe für die Toten (1Kor 15.29-33)
Metanoia, Glaube und Taufe stehen am Anfang des christlichen Lebens (Hb 5.11-6.8)
Arche und Taufe (1Pt 3.18-22)

Ich werde im folgenden jene Themen etwas genauer beleuchten, die mir, auch aufgrund der Umfrage zur Taufe, für heute besonders relevant erscheinen:

---

[101] Einen umfassenden Überblick über das Taufgeschehen des NT gibt Albrecht Oepke im theologischen Wörterbuch zum Neuen Testament (Oepke Albrecht, βάπτω, βαπτίζω, Βαπτισμός, Βάπτισμα, Βαπτιστής: ThWNT 1, 534-544). Oepke gliedert in Johannestaufe und christliche Taufe. Die christliche Taufe gliedert er in 4 Unterabschnitte: 1. Die Taufe bei Jesus 2. Die Taufe in der christlichen Gemeinde 3. Die syntaktischen Verbindungen von βαπτίζειν im NT 4. Die Heilsbedeutung der Taufe auf Christus.

2. Jesus und die Taufe

Ich versuche in diesem Abschnitt, die Taufe Jesu und seine Aussagen zur Taufe aus allen Evangelien in eine sinnvolle Reihenfolge zu bringen. Dies ermöglicht einen Überblick über das Taufgeschehen in den Evangelien. Die Chronologie beansprucht aber nicht historische Richtigkeit. Die Wirkungszeit Jesu dauerte von der Taufe des Johannes an bis zu seiner (Jesu) Himmelfahrt.[102] Die "Taufgeschichte" Jesu umfasst vier Teile: a) Zuerst geht es um Johannes' Taufe der Metanoia im Jordan. b) Dann kommt eine gewisse Taufkonkurrenz zwischen Johannes und Jesus zur Sprache. c) Ferner wird deutlich, dass auch die Taufwörter βαπτίζω und βάπτισμα nicht für eine einmalige Sache reserviert sind. d) Zuletzt geht es um den sogenannten Taufbefehl Jesu. Diese vier Themen (a-d) kommen im folgenden zur Sprache. Zu Beginn jedes Abschnittes wird, leicht eingerückt, der biblische Befund durch Zitate oder zusammengefasst dargestellt.[103] Anschliessend wird das Thema kommentiert.

a) Taufe und Metanoia

Johannes der Täufer war in der Wüste und verkündigte die Taufe der Metanoia zur Vergebung der Sünden.[104] Er taufte in Wasser, wies aber darauf hin, dass nach ihm einer kommen werde, der in heiligem Geist und in Feuer taufen werde. *In jenen Tagen kam auch Jesus aus Nazareth...und liess sich von Johannes im Jordan taufen. Und als er aus dem Wasser stieg, sah er, dass der Himmel sich öffnete und der Geist wie eine Taube auf ihn herabkam. Und eine Stimme aus dem Himmel sprach: Du bist mein geliebter Sohn, an dir habe ich Gefallen gefunden.*[105]

Johannes...*verkündigte* also *Taufe der Busse zur Vergebung der Sünden.*[106] Wie kann man sich dieses Geschehen vorstellen? Vier Nomen sind da miteinander in Beziehung gebracht: βάπτισμα, μετανοία, ἄφεσις und ἁμαρτία. Was bedeuten diese Wörter, wie stehen sie zueinander in Beziehung, wie sind sie voneinander abhängig?

βάπτισμα heisst Taufe, Untertauchen. Die Grundbedeutung von μετανοία[107] ist Sinnesänderung; es geht darum, den Sinn auf etwas anderes auszurichten, andere Sachen wahrzunehmen, zu sehen, anders zu denken, umzudenken, anderes zu wollen und zu wünschen. Mehrmals ertönt die Aufforderung zur Metanoia im NT:[108] Ändert eure Einstellung, glaubt an die gute Botschaft, denn das Himmelreich, das

---

[102] nach AG 1.22

[103] Die 4 eingerückten Teile zusammengenommen ergeben einen Überblick über das Taufgeschehen in den Evangelien

[104] Mk 1.4

[105] Mk 1.9-11

[106] Mk 1.4 Johannes war κηρύσσων βάπτισμα μετανοίας εἰς ἄφεσιν ἁμαρτιῶν.
βάπτισμα μετανοίας finden wir ausser in Mk 1.4 noch in Lk 3.3, in AG 13.24 und in AG 19.4. Um das gleiche Geschehen allerdings ohne wörtliche Entsprechung geht es auch in den Tauftexten von Mt 3.1-12, J 1.19-28 und AG 2.37-41.

[107] Metanoia wird in deutschen Bibelübersetzungen häufig mit Busse übersetzt. *Der Metanoiabegriff findet heute sein Äquivalent aber nicht in den sprachlichen Zusammensetzungen mit Busse.* (Karl Rahner, Kleines theologisches Wörterbuch, Metanoia, 241)

[108] In Mt 3.2 fordert Johannes der Täufer dazu auf: Μετανοεῖτε, ἤγγικεν γὰρ ἡ βασιλεία τῶν οὐρανῶν (*Ändert eure Einstellung, denn das Himmelreich ist nahe*). In Mt 4.17 legt Matthäus die genau gleiche Formulierung Jesus in den Mund. In Mk 1.15 lässt Markus Jesus sagen: ἤγγικεν ἡ βασιλεία τοῦ θεοῦ· μετανοεῖτε καὶ πιστεύετε ἐν τῷ εὐαγγελίῳ. (*Das Reich Gottes ist nahe, kehrt um und glaubt an das Evangelium*). Direkte Auf-

Gottesreich ist nahe. ἄφεσις bedeutet Loslassen. Einerseits geht es darum, dass der Täufling von seiner falschen Lebenshaltung loslässt, dass er sich frei macht von seinen alten Lebensmustern, seinem lebensfeindlichen Verhalten, dass er seine Irrwege aufgibt. Anderseits kann es auch darum gehen, dass der Täufling befreit wird aus der "Sackgasse", dass ihm seine Schuld erlassen wird, ihm seine Missetaten verziehen und vergeben werden, dass er begnadigt wird. ἁμαρτία bedeutet Fehler, Irrtum, Versehen und eventuell die daraus resultierende Schuld.

βάπτισμα steht im Nominativ, gefolgt von μετανοία im Genitiv. Dieses erste Wortpaar ist durch die Präposition εἰς verbunden mit dem zweiten Wortpaar ἄφεσις und ἁμαρτία. ἄφεσις steht im Akkusativ, ἁμαρτία im Genitiv Plural. Johannes forderte auf zu einem Eintauchen der Sinnesänderung, welches zum Loslassen der Fehler (Fehlhaltungen wie Vergehen, Irrtum, Missgriff) führt. Welche Bedeutung hat das Eintauchen für diesen Prozess? Geht es der Sinnesänderung voraus, begleitet es diese oder ist es Symbol für die schon zustande gekommene Sinnesänderung? Wenn wir die Stellung im Satz einer Chronologie gleichsetzen, ist es klar; dann geht das Eintauchen der Sinnesänderung voraus. Diese Reihenfolge wird gestützt von Mt 3.11. *Ich tauche euch unter im Wasser mit dem Ziel, eine Sinnesänderung zu bewirken.*[109] Von der Genitivbedeutung[110] her ist beides zu erwägen: sowohl die Richtung vom Eintauchen zur Sinnesänderung hin, als auch die Richtung von der Sinnesänderung zum Eintauchen hin. Für diese zweite Richtung sprechen einige Tauftexte aus der Apostelgeschichte, in denen Sinnesänderung und Glaube klar vor dem Eintauchen stehen.[111] Von der Erfahrung her ist beides denkbar. Es braucht eine besondere Einstellung, mindestens einen Entschluss, um überhaupt in den Fluss einzutauchen, beziehungsweise sich eintauchen zu lassen, und das Eintauchen im Fluss begünstigt eine neue Einstellung.[112] Sinnesänderung und Eintauchen können sinnvoll aufeinander bezogen werden, aber keines ergibt sich zwingend aus dem andern. Als Glaubenssymbol, als Symbol einer Sinnesänderung sind auch andere Symbole denkbar als das Ritual des Eintauchens, und dieses Ritual bewirkt nicht zwangsläufig die richtige Haltung zu Gott, Leben und Welt.[113]

---

forderung zur Metanoia finden wir auch in der Apostelgeschichte (AG 2.38; 3.19. 8. 22) und in der Johannesoffenbarung (Apk 2.5,16; 3.3,19).

[109] Mt 3.11: ἐγὼ μὲν ὑμᾶς βαπτίζω ἐν ὕδατι εἰς μετάνοιαν· Eigentlich: Ich tauche euch unter im Wasser in Sinnesänderung hinein.

[110] Die Liebe Gottes, die Gottesliebe kann beides bedeuten: 1. Die Liebe des Menschen zu Gott (Genitivus obiektivus). 2. Die Liebe Gottes zu den Menschen (Genitivus subiectivus). Analog dazu sind auch für das "Sinnesänderungseintauchen" beide Richtungen zu erwägen.

[111] *Ändert eure Einstellung, und jeder von euch lasse sich taufen auf den Namen Jesu Christi zur Vergebung seiner Sünden.* (AG 2.38) Dass Glaube, Sinnesänderung (Bekehrung), eine neue Sicht dem Eintauchen vorangehen, bestätigen auch die Bekehrung des Saulus (AG 9.1-19), die Taufe des Kämmerers der Königin von Äthiopien (AG 8.35-40) und die Geschichten, wo ganze "Häuser" getauft werden (Lydia AG 16.14.f; Gefängnisaufseher AG 16.30-34; Synagogenvorsteher AG 18.7f).

[112] Vgl. Erfahrungen mit einem Fluss in Fussnote 89.

[113] Dass die Taufe das Heil nicht garantiert, macht auch Paulus in 1Kor 10.1-13 deutlich. *...und alle sind auf Mose getauft worden in der Wolke und im Meer...Gott aber hatte (trotzdem) an den meisten von ihnen kein Gefallen, denn er liess sie in der Wüste umkommen.*

In den Tauftexten, in denen βάπτισμα und μετανοία miteinander in Beziehung gebracht werden, geht es immer um eine Sinnesänderung, die zum Leben führt.[114] Es geht um das richtige Verhältnis zu Gott und seiner Schöpfung und zur Wahrheit. Es geht also darum, die Grenzen und Möglichkeiten des Menschseins zu sehen. Solche Sinnesänderung haben wir immer dann nötig, wenn wir aufgrund unserer Lebenslügen die Wahrheit nicht mehr sehen wollen, wenn wir überheblich unsere Möglichkeiten überschätzen oder kleinmütig unsere Möglichkeiten nicht ausschöpfen. Im ersten Fall müssen wir wieder zur Gottesfurcht finden,[115] im zweiten Fall müssen wir uns der Gotteskindschaft neu bewusst werden. Ich denke, dass solche Sinnesänderung kein einmaliger Akt ist.[116] Wir müssen uns immer wieder neu auf den Weg, die Wahrheit und das Leben ausrichten und ausrichten lassen.

Solchem Geschehen jedenfalls hat sich auch Jesus unterzogen. Er hat sich im Jordan untertauchen lassen. Und als er auftauchte aus dem Wasser, sah er den Geist wie eine Taube auf sich herabkommen und hörte den Zuspruch: *Du bist mein geliebter Sohn, an dir habe ich Wohlgefallen.*[117] Gemäss Markus war das Taufgeschehen auch für Jesus entscheidend. Zwar war Jesus schon immer Gottes Sohn, wie auch wir Töchter und Söhne Gottes sind. Aber mit der Taufe wurde Jesus die Verbindung im Geist zum Himmel, zu Gott, zum Vater und die Gottessohnschaft bewusst. Mit der Taufe begann sein Wirken, das sich fortan immer an den vom Vater gebotenen Möglichkeiten orientierte und im Wissen, dass der Tod nicht das Letzte ist, nie auf irdische Lebenssicherung ausgerichtet war. Erst dieses Wirken aufgrund des neuen Bewusstseins nach der Sinnesänderung brachte ihn ins Rampenlicht der Öffentlichkeit, und vollends glaubhaft wurde dieses Wirken erst dadurch, dass er der Orientierung am Vater treu blieb bis in den Tod am Kreuz.

Die Verbindung von Taufe und Metanoia wird häufig dazu gebraucht, die Säuglingstaufe abzulehnen. Es leuchtet ein, dass Sinnesänderung für Säuglinge und Kleinkinder noch keine Bedeutung hat. Es ist deshalb verständlich, dass es Leute gibt, die die Kindertaufe aus diesem Grund ablehnen. Aber erstens hat das Symbol "Taufe" nicht nur mit Sinnesänderung zu tun - das Bild des Eintauchens ist nämlich unerschöpflich an Bedeutung -, und zweitens geht es bei der Kindertaufe nicht nur um das Kind, sondern vor allem um die Eltern, Taufpaten und andere urteilsfähige Gemeindeglieder, die zu einer bewussten Sinnesänderung durchaus fähig sind. Wer die Säuglingstaufe mit der Begründung ablehnt, Säuglinge seinen zu bewusster Sinnesände-

---

[114] *Als sie das hörten, beruhigten sie sich, priesen Gott und sagten: Gott hat also auch den Heiden die Sinnesänderung gegeben, die zum Leben führt.* (AG 11.38)

[115] Wie Nebudkadnezar im Tau des Himmels, vgl. Seite 34.

[116] Der Autor des Hebräerbriefes sieht wahrscheinlich die Sache anders, er sagt: *Es ist unmöglich, Menschen, die einmal erleuchtet worden sind, die von der himmlischen Gabe genossen und Anteil am Heiligen Geist empfangen haben, die das gute Wort Gottes und die Kräfte der zukünftigen Welt kennengelernt haben, dann aber abgefallen sind, erneut zur Sinnesänderung zu bringen.* (Hb 6.4-6)

[117] Mk 1.11 Nach der Taufe der Sinnesänderung empfing Jesus den heiligen Geist. Dies ist die gemäss AG übliche Reihenfolge. Besonders deutlich wird diese Reihenfolge in AG 2.38: *Kehrt um, und jeder von euch lasse sich auf den Namen Jesu Christi taufen zur Vergebung seiner Sünden; dann werdet ihr die Gabe des Heiligen Geistes empfangen.* Aber diese Reihenfolge ist nicht zwingend. Der Empfang des Heiligen Geistes war offensichtlich unabhängig vom Untertauchen im Wasser möglich: *Kann jemand denen das Wasser zur Taufe verweigern, die ebenso wie wir den Heiligen Geist empfangen haben?* (AG 10.47) Andere hatten trotz Taufe den Heiligen Geist nicht empfangen. Sie waren bloss eingetaucht in die Taufe des Johannes und liessen sich nun neu eintauchen in den Namen des Herrn Jesu. (AG 19.1-7)

rung unfähig, reduziert das Taufsymbol zu einem Zeichen, das ausschliesslich für eine Sinnesänderung der zu taufenden Person steht.[118]

b) Taufkonkurrenz

Später sagte Jesus: *Unter allen Menschen hat es keinen grösseren gegeben als Johannes den Täufer; doch der kleinste im Himmelreich ist grösser als er.*[119] Jesus taufte schon in Judäa, als Johannes noch nicht im Gefängnis war und selber auch noch taufte. Die Jünger des Johannes kamen zu Johannes und beklagten, dass Jesus auch taufe und jedermann zu ihm komme. Johannes antwortete darauf: *Ein Mensch kann nichts nehmen, wenn es ihm nicht vom Himmel gegeben ist.*[120] *Als Jesus erfuhr, dass den Pharisäern zu Ohren gekommen war, dass er mehr zu Jüngern machte und taufte als Johannes - obwohl Jesus nicht selber taufte, sondern seine Jünger -, verliess er Judäa und ging wieder nach Galiläa.*[121] Später wurde Johannes der Täufer um der Herodias willen enthauptet.

Dass die Taufe nicht nur Frieden und Eintracht stiftet, hatte schon Paulus vor den Evangelisten im 1. Korintherbrief[122] festgehalten. Er beklagte dort, dass es Streit in der Gemeinde gab, weil sich die Menschen aufgrund der Taufe zu verschiedenen Gruppen zugehörig fühlten und mahnte zur Eintracht in Christus. Noch heute scheiden sich die Geister an den verschiedenen Taufauffassungen. Das Symbol der Taufe ist nach vielen Seiten offen: Wer darf taufen? Braucht es dazu eine besondere Legitimation? Muss es ein Pfarrer sein? Wer soll getauft werden, nur Erwachsene oder auch Kinder? Wie muss die Taufe durchgeführt werden? Muss man ganz im Wasser untertauchen oder genügt eine Taufformel? Was bedeutet oder bewirkt die Taufe? Gruppenzugehörigkeit oder Zugehörigkeit zu Christus? Geht es um Markierung, Reinigung oder um die Änderung der Einstellung? Die Johannesjünger scheinen die Legitimation Jesu, taufen zu dürfen, angezweifelt zu haben und waren über die Taufkonkurrenz beunruhigt. Aber Johannes bestätigte die Legitimation Jesu mit dem Hinweis, dass kein Mensch sich etwas nehmen könne, was ihm nicht vom Himmel gegeben sei.

c) Einmaligkeit der Taufe

Nach einer Rede bat ein Pharisäer Jesus, mit ihm zu essen. Jesus setzte sich zu Tisch und der Pharisäer wunderte sich darüber, dass sich Jesus vor dem Essen nicht die Hände wusch, wie es Sitte war, worauf Jesus ihn aufklärte über die äussere und innere Reinheit.[123]

Nach der dritten Ankündigung seines Leidens und seiner Auferstehung baten Jakobus und Johannes Jesus, sie möchten in seinem Reich rechts und links von ihm sitzen. Darauf erwiderte Jesus: *Ihr wisst nicht, um was ihr bittet. Könnt ihr den Kelch trinken, den ich trinke, oder die Taufe auf euch nehmen, mit der ich getauft werde?* Sie antworteten: *Wir können es.* Da sagte Jesus zu ihnen: *Ihr werdet den Kelch trinken, den ich trinke und die Taufe empfangen, mit der ich getauft werde.*[124] Ferner sagte Jesus

---

[118] Vgl. dazu: "Klischee, Symbol und Zeichen", Kapitel A III. 3. und "Argumente für und gegen die Kindertaufe", Kapitel C II. 3.

[119] Mt 11.11

[120] J 3.27

[121] J 4.1-3

[122] 1Kor 1.10-17

[123] In Lk 11.37-44 steht βαπτίζω für das regelmässige Sich-Waschen vor dem Essen.

[124] Mk 10.38f

zu seinen Jüngern: *Ich bin gekommen, um Feuer auf die Erde zu werfen. Wie froh wäre ich, es würde schon brennen! Aber ich muss zuvor mit einer Taufe getauft werden, und ich bin sehr bedrückt, solange sie noch nicht vollzogen ist.*[125]

Βαπτίζω und βάπτισμα sind nicht für eine einmalige Handlung reserviert. Jesus ist von Johannes im Jordan getauft worden. Später sagt er, dass er wieder getauft werden müsse und dass er deswegen bedrückt sei. Das Symbol der Taufe ist offensichtlich von den Evangelisten für verschiedene Geschehnisse gebraucht worden. Jedenfalls hat für Jesus (auch für die Jünger Jakobus und Johannes) die Taufe im Jordan nicht gereicht. Er musste noch mit einer anderen Taufe getauft werden. Zudem wird βαπτίζω auch im Lukasevangelium für das sich stets wiederholende Sich-Waschen vor dem Essen gebraucht. Vom biblischen Gebrauch der Taufwörter her gibt es keine Bedenken, die Taufe als Symbol für verschiedene Ereignisse im Leben eines Menschen zu brauchen: beispielsweise eben als Symbol für die Aufnahme eines Kindes in die Gemeinschaft, als Symbol für eine entscheidende Änderung der Einstellung hin zu einem gemeinschaftsdienlichen Leben oder als Symbol für die Erfahrung des Todes.

d) Der Taufbefehl Jesu

In Jerusalem fragte Jesus die Schriftgelehrten, Hohenpriester und Ältesten: *Stammte die Taufe des Johannes vom Himmel oder von den Menschen?*[126] Darauf gab es keine gewinnbringende Antwort für sie: Hätten sie gesagt vom Himmel, dann wären sie im Unrecht gewesen, weil sie nicht geglaubt hatten. Hätten sie gesagt von den Menschen, dann wären sie beim Volk in Misskredit geraten, weil das Volk glaubte, dass Johannes ein Prophet war.

Nach seinem Tod am Kreuz gab Jesus als Auferstandener den elf Jüngern folgenden Auftrag: *Geht zu allen Völkern, und macht alle Menschen zu meinen Nachfolgern, indem ihr sie eintaucht in den Namen des Vaters und des Sohnes und des Heiligen Geistes.*[127]

Matthäus lässt also zum Schluss seines Evangeliums den auferstandenen Jesus folgendes sagen: **πορευθέντες** οὖν **μαθητεύσατε** πάντα τὰ ἔθνη, **βαπτίζοντες** αὐτοὺς **εἰς** τὸ ὄνομα τοῦ πατρὸς καὶ τοῦ υἱοῦ καὶ τοῦ ἁγίου πνεύματος, **διδάσκοντες** αὐτοὺς **τηρεῖν** πάντα ὅσα **ἐνετειλάμην** ὑμῖν.[128]

Wir haben es hier mit einem Befehlssatz zu tun, der verknüpft ist mit drei Partizipialsätzen. Der letzte Partizipialsatz wird durch einen Infinitivsatz mit Relativsatz ergänzt. Schon diese Satzstruktur lässt für eine Übersetzung viele Möglichkeiten offen, ungeachtet der Semantik der einzelnen Wörter. Üblicherweise werden die Partizipien in deutschen Übersetzungen dem Imperativ beigeordnet (Koordination), und die Präposition εἰς wird mit "auf" übersetzt. Koordination verstärkt in diesem Fall den Befehlscharakter, und die gewählte Semantik erschwert das Verständnis: **Geht** *zu allen Völkern und* **macht** *alle Menschen* **zu Jüngern;** **tauft** *sie* **auf** *den Namen des Vaters und des Sohnes und des Heiligen Geistes, und* **lehrt** *sie, alles zu* **befolgen,** *was ich euch* **geboten habe.**[129]

[125] Lk 12.49f
[126] Mk 11.30
[127] Mt 28.19
[128] Mt 28.19f
[129] Einheitsübersetzung, Mt 28.19f

Es ist aber auch möglich, die Partizipien dem Prädikat unterzuordnen (Subordination) und andere Wortbedeutungen zu wählen: *Geht zu allen Völkern und **führt** sie **in die Nachfolge**, indem ihr sie **eintaucht** in den Namen des Vaters und des Sohnes und des heiligen Geistes, indem ihr sie **befähigt** zu **bewahren** alles, was ich euch **eröffnet habe**.*

Es ist hier nicht der Ort, eine ausführliche Exegese dieses Satzes zu machen. Es geht mir nur darum zu zeigen, wieviel Interpretation in jeder Übersetzung steckt und vor allem, dass das Partizip βαπτίζοντες nicht zwingend als Befehl aufgefasst werden muss, sondern als eine unter anderen Möglichkeiten gesehen werden kann, der Aufforderung nachzukommen, alle Völker in die Nachfolge zu führen. Im folgenden will ich mich auf jenen Teil des Satzes beschränken, der als Taufbefehl aufgefasst und dann zur Taufformel gemacht wurde:

Tauft sie auf den Namen des Vaters und des Sohnes und des heiligen Geistes[130] Dieser Taufbefehl wurde umgewandelt zur Taufformel: **Ich taufe dich auf den Namen des Vaters und des Sohnes und des heiligen Geistes.** Für viele ist diese Formel heute nicht mehr bedeutungsvolles Symbol, sondern eher ein Klischee, leere Redensart, leere Form, über die es nichts weiteres zu sagen gibt, über die man sich nicht verständigen kann, die keinen Bezug zu Erfahrung und Vernunft hat.[131]

Zwei Änderungen würden die Formel der Vernunft und Erfahrung wieder erschliessen: 1. braucht es eine Übersetzung gemäss den bisher an den biblischen Tauftexten gewonnenen Einsichten. Taufen heisst eintauchen. Zum Eintauchen braucht es ein Medium, in welches hinein eingetaucht werden kann. Als Medium dient hier der Name.[132] 2. müssen wir die ursprüngliche Aufforderung ernst nehmen und versuchen, ihr im

---

[130] ebd.

[131] In meiner Umfrage wurde diese Formel am häufigsten als unverzichtbares Element genannt. Aber niemand konnte sagen, was denn diese Formel bedeute. Auch gemäss Kirchenordnug des evangelisch-reformierten Synodalverbands Bern-Jura wird mit Wasser auf den Namen des Vaters und des Sohnes und des Heiligen Geistes getauft. Und die meisten Formulare für eine Taufliturgie, welche die Liturgiekonferenz der evangelisch-reformierten Kirchen in der deutschsprachigen Schweiz 1992 herausgegeben hat, enthalten diese Taufformel.

[132] **Exkurs - Der Name als Taufmedium**
Albrecht Oepke wehrt sich gegen *ein mystisch gedeutetes Taufmedium* (Oepke Albrecht, βάπτω, βαπτίζω, βαπτισμός, βάπτισμα, βαπτιστής: ThWNT 1, 537) und findet eine *trinitarische Namensmystik vollends unglaubhaft.* (ebd.) Er versucht, seine Ansicht durch drei Argumente deutlich zu machen und schreibt: βαπτίζειν *heisst technisch verstanden in Wasser tauchen. Die Angabe eines Mediums ist daher nicht erforderlich. Wo sie aus besonderen Gründen erfolgt, geschieht es im NT im allgemeinen nicht durch* εἰς...*nur Mk 1.9 durch* εἰς...εἰς *bezeichnet sonst meist final das durch die Taufe erstrebte und verwirklichte Ziel...Die Formel* εἰς τὸ ὄνομα *ist...als term techn des hellenistischen Giroverkehrs erwiesen (= "auf das Konto").* (ebd.)
Ich sehe es so: Die Grundbedeutung von βαπτίζειν ist eintauchen/untertauchen (näheres dazu im Abschnitt "Die Bedeutung der Taufwörter" auf Seite 28). Die Angabe eines Tauchmediums ist nicht unbedingt erforderlich. Wo keines genannt wird, ist aber nicht zwingend Wasser als Tauchmedium anzunehmen. Die Verbindung des Verbs mit dem Tauchmedium durch die Präposition εἰς ist durchaus gebräuchlich. Dies macht schon Mk 1.9 deutlich: ἐβαπτίσθη εἰς τὸν Ιορδάνην. In der Septuaginta gibt es verschiedene Wendungen des Verbes βάπτειν mit εἰς, bei denen das Tauchmedium materieller Art und somit offensichtlich ist. βάπτειν εἰς τὸ αἷμα (Lev 4.6; 9.9; 14.6,51), εἰς ὕδωρ (Lev 11.32), εἰς τὸ ὕδωρ (Num 19.8), εἰς μέρος τοῦ ὕδατος (Jos 3.15), εἰς τὸ κηρίον τοῦ μέλιτος (1Kö 14.27). Von daher habe ich keine Bedenken, auch Namen und Tod im NT als ungegenständliche Tauchmedien zu verstehen, wenn dies einen guten Sinn ergibt: βαπτίζειν εἰς τὸ ὄνομα (Mt 28.19; AG 8.16; 1Kor 1.15), εἰς Χριστὸν (Rö 6.3; Gal 3.27), εἰς τὸν θάνατον αὐτοῦ (Rö 6.3). Ich will damit nicht sagen, dass εἰς τὸ ὄνομα nicht terminus technicus für den hellenistischen Giroverkehr sein kann. Aber auch so verstanden ist der Ausdruck ein Bild für ein nicht sinnlich fassbares Geschehen. Und wenn wir schon ein Bild brauchen, um etwas sinnlich nicht Fassbares deutlich zu machen, dann passt zum Verb "eintauchen" die Vorstellung eines Namens als Tauchmedium mindestens ebenso gut wie die Vorstellung eines Kontos des dreieinigen Gottes. Dass durch die Präposition εἰς auch final auf das

täglichen Leben wirklich gerecht zu werden. Wenn uns jemand sagt, "geh, backe einen Kuchen mit Wasser, Mehl und Zucker", dann entsteht dieser Kuchen nicht dadurch, dass wir die Aufforderung abwandeln und sagen: "Ich backe dich mit Wasser, Mehl und Zucker." Viel mehr müssen wir Mehl, Wasser und Zucker nehmen und mischen und dann in einen Backofen stellen. Wir müssen handelnd tätig werden. Das gleiche gilt auch für die Aufforderung zu taufen.

Taucht sie ein in den Namen des Vaters und des Sohnes und des heiligen Geistes. Die Taufaufforderung ist in androzentrischer Sprache geschrieben wie die Bibel überhaupt. Aber Vater, Sohn und Geist sind Bilder für etwas im Grunde Geschlechtsneutrales. Und deshalb könnten Frauen aus ihrer Sicht die gleiche Sache mit andern Worten darstellen: **Taucht sie ein in den Namen der Mutter und der Tochter und der heiligen Wahrheit.**[133] Es geht darum, den Menschen die Nachfolge Jesu zu ermöglichen. Und diese Nachfolge können nicht nur Männer, sondern auch Frauen antreten. Als Mann bleibe ich bei der traditionellen Formulierung männlicher Prägung.

Um den Menschen die Nachfolge Jesu zu ermöglichen, sollen sie eingetaucht werden in den Namen des Vaters und des Sohnes und des heiligen Geistes. Der Name steht für alle Erfahrungen, die die Menschen mit

---

durch die Taufe erstrebte und zu verwirklichende Ziel hingewiesen wird, scheint mir besonders da sinnvoll, wo vorgängig bereits ein Tauchmedium genannt ist: ἐγὼ μὲν ὑμᾶς βαπτίζω ἐν ὕδατι εἰς μετάνοιαν (Mt 3.11) Ich tauche euch im Wasser unter in Sinnesänderung hinein / auf Sinnesänderung hin / mit dem Ziel, eine Sinnesänderung zu erreichen/bewirken. γὰρ ἐν ἑνὶ πνεύματι ἡμεῖς πάντες εἰς ἓν σῶμα ἐβαπτίσθημεν. (1Kor 12.13) Wir sind nämlich untergetaucht im einen Geist hinein in einen Körper / mit dem Ziel ein Körper zu werden / damit wir ein Körper sind.

Interessanterweise wird mein Anliegen, das Bild, das der Taufformel zugrunde liegt, wieder deutlich zu machen, auch in der Einführung zu den Taufformularen der Liturgiekonferenz der Evangelisch-reformierten Kirchen in der Deutschsprachigen Schweiz, 1992, Seite 28 ernstgenommen: *Unter der Voraussetzung, dass in den griechischen Textvorlagen eindeutig EIS TO ONOMA (in den Namen hinein) steht...sind nach unserem Ermessen folgende Übersetzungsvarianten der Taufformel denkbar: a) Ich taufe dich in die Gemeinschaft mit dem Vater und dem Sohn und dem Heiligen Geist...c) Ich taufe dich zum Leben in Gott, dem Vater, dem Sohn und dem Heiligen Geist.* An der herkömmlichen Taufformel wollen die Mitglieder der Liturgiekonferenz aber aus psychologischen Gründen festhalten, denn Wiederholung der stets gleichen Taufformel erleichtere das Einprägen. Damit die Form nicht verloren geht, erscheint dann die Taufformel in den meisten der 25 verschiedenen Taufformulare in der gewohnten Form: *Ich taufe dich auf den Namen des Vaters und des Sohnes und des heiligen Geistes.* Ich verstehe das Bedürfnis, eine Formulierung zu haben, die man kennt, in der man Heimat, Ruhe und Geborgenheit findet; eine solche Formel ist wie ein Mantra. Aber es ist schade, wenn bei aller Sorge um die Form der Sinn verloren geht. Deshalb sollte auch versucht werden, die Formel wie ein Koan zu "knacken", sie zu verstehen. Zwei Taufformulare der Liturgiekonferenz weisen den Weg zu einem besseren Verständnis: Im Formular 21 für die Taufe eines Jugendlichen oder Erwachsenen wird die Taufformel von Mt 28.19 im "Original" aufgenommen und erklärt. Und im Formular 24 in italienischer Sprache lautet die Formel: *Io ti battezzo nel nome del Padre - del Figlio - e dello Spirito santo - Amen.* "**nel**" ist Präposition mit Artikel und bedeutet eindeutig "**in** den" im Gegensatz zu Italienisch "in", welches ausser Deutsch "in" auch "auf, nach, zu binnen, innerhalb, bei" bedeuten könnte (Langenscheidts Handwörterbuch italienisch, 330).

[133] Jede Veränderung von gewohnten (Sprach)Formen verunsichert. Trotzdem machen Feministinnen auf die entscheidende Bedeutung der Sprache für das Bewusstsein der Gleichwertigkeit von Mann und Frau aufmerksam. Und es gibt Versuche, die Frau, zum Beispiel für die Eröffnung des Gottesdienstes, sorgfältiger in die Trinitätsformel einzubringen als ich es gemacht habe: *Im Namen des Gottes von Sarah und Abraham, im Namen des Sohnes, von Maria geboren, im Namen des Heiligen Geistes, der über uns wacht wie eine Mutter über ihre Kinder, beginnen wir diesen Gottesdienst.*(Wagner-Rau Ulrike, Zwischen Vaterwelt und Feminismus, 123) *Im Namen Gottes feiern wir Gottesdienst. Im Namen Gottes, dem wir Leben und Lebensvertrauen verdanken wie einem Vater und einer Mutter. Im Namen von Jesus dem Christus, der für die Menschen gelebt hat wie ein verständnisvoller Freund und wie eine starke Freundin. Im Namen des Heiligen Geistes, den wir in uns und bei andern erfahren als den Glauben, die Liebe und die Hoffnung.*(Müller Theophil, Vesper im Berner Münster vom 5.6.93) Eine Frau wünschte in der Umfrage folgende Taufformel: *Ich taufe dich auf den Namen Gottes, der wie unser Vater und unsere Mutter ist, des Sohnes und des heiligen Geistes.* (Fragebogen 69)

dem Vater, dem Sohn und dem heiligen Geist gemacht haben, er steht für das Wissen um Vater, Sohn und heiligen Geist. Der Vater ist ein Bild für Einheit und Anfang, für das Sein jenseits aller Grenzen von Raum und Zeit, für Beständigkeit, Ruhe und Ewigkeit. Dem Vater verdanken wir alle das Leben. Es gibt den einen Vater, aber von diesem einen Vater viele Söhne. Der Sohn ist ein Bild für Dualität und Polarität für Trennung und Vielheit, für Werden, Vergehen, für Vergänglichkeit, für Bewegung, für das Leben als Mensch in den Grenzen und Möglichkeiten von Raum und Zeit. Und der Geist ist ein Bild für das, was den Sohn mit dem Vater verbindet. Der Geist ermöglicht uns, ganz zu sein in der verwirrenden Vielfalt der Formen, Sinn und Ruhe zu finden in der unaufhörlichen Bewegung von Stirb und Werde, der Geist ermöglicht uns, ganz in der Trennung zu leben und doch mit den Wurzeln, im Einen zu sein und darin Orientierung zu finden, Wahrheit, Liebe und Kraft.

Jesus war Mensch und wusste um seine Möglichkeiten und Grenzen. Er wusste, dass er dem Vater sein Leben verdankte, dass er nichts tun konnte, was ihm nicht vom Vater gegeben war. Er wusste um Werden und Vergehen, um Tod und Auferstehung. Er war vertraut mit dem Namen des Vaters und des Sohnes und des heiligen Geistes. Und deshalb konnte er als wahrer Mensch befreit aus der Kraft des Vaters leben und hat seine Anhänger mit diesem Namen vertraut gemacht. Und denen, die seine Nachfolge antraten, gab er den Auftrag, die Menschen in diesen Namen einzutauchen, sie mit den Erfahrungen und Einsichten, die in diesem Namen zusammenkommen, vertraut zu machen, damit dieser Name mit seinem Potential nicht verloren geht unter den Menschen.

Unsere Aufgabe ist nicht dadurch erfüllt, dass wir einem Menschen einmal in einem Ritual sagen: "Ich tauche dich ein in den Namen des Vaters und des Sohnes und des heiligen Geistes." Vielmehr begleitet uns diese Aufgabe ständig im Alltag. Wo sich die Möglichkeit bietet, sollen wir andere eintauchen in diesen Namen, und auch wir haben es immer wieder nötig, von andern eingetaucht zu werden in ihn, damit wir loskommen von lebensfeindlichen Vorstellungen, vom ängstlichen Verharren-Wollen in einer Form, die ihre begrenzte Zeit hat, damit wir unsere Möglichkeiten und Grenzen erkennen und werden, die wir sind, damit wir mutig die Lebensflamme weitertragen.

Eine solche Taufe wäscht immer wieder ab die Spuren von Raum und Zeit. In ihr werden wir eins mit dem, was wir sind. Aus ihr nehmen wir mit das Siegel des Seins, ein liebes, warmes Leuchten.

3. Taufe in Christus

Wisst ihr nicht, dass alle, die wir in Christus Jesus hineingetaucht wurden, in seinen Tod hineingetaucht wurden? Wir wurden also mit ihm begraben durch das Eintauchen in den Tod, damit, wie Christus auferweckt wurde von den Toten durch die Herrlichkeit des Vaters, so auch wir in neuem Leben wandeln.[134] Nachdem ihr in ihm in der Taufe begraben wurdet, seid ihr in ihm auch auferweckt worden durch den Glauben an die Kraft Gottes, der ihn von den Toten auferweckt hat.[135] Ihr alle seid eingetaucht im einen Geist zu einem Körper geworden.[136] Ihr alle, die ihr in Christus hineingetaucht

---

[134] Rö 6.3f: ἢ ἀγνοεῖτε ὅτι ὅσοι ἐβαπτίσθημεν **εἰς** Χριστὸν ᾽Ιησοῦν **εἰς** τὸν θάνατον αὐτοῦ ἐβαπτίσθημεν; συνετάφημεν οὖν αὐτῷ διὰ τοῦ βαπτίσματος **εἰς** τὸν θάνατον, ἵνα ὥσπερ ἠγέρθη Χριστὸς ἐκ νεκρῶν διὰ τῆς δόξης τοῦ πατρός, οὕτως καὶ ἡμεῖς ἐν καινότητι ζωῆς περιπατήσωμεν.

[135] Kol 2.12: συνταφέντες **αὐτῷ ἐν** τῷ βαπτισμῷ, **ἐν ᾧ** καὶ συνηγέρθητε διὰ τῆς πίστεως τῆς ἐνεργείας τοῦ θεοῦ τοῦ ἐγείραντος αὐτὸν ἐκ νεκρῶν·

[136] 1Kor 12:13: καὶ γὰρ **ἐν** ἑνὶ πνεύματι ἡμεῖς πάντες **εἰς** ἓν σῶμα ἐβαπτίσθημεν.

seid, habt Christus angezogen...in Christus Jesus seid ihr alle eins.[137] *Es ist ein Herr, ein Glaube, eine Taufe, ein Gott und Vater aller, an allem, durch alles und in allem.*[138]

An diesen Tauftexten, die alle aus neutestamentlichen Briefen verschiedener Verfasser stammen, wird wieder deutlich, dass es durchaus sinnvoll ist, wie schon den Namen in Mt 28.19, hier auch Christus als Tauchmedium zu verstehen. So gesehen wird dann in diesen Texten ein wichtiger Aspekt der Taufe besonders deutlich, die Einswerdung mit dem Taufmedium.

Wenn wir in Christus eingetaucht werden, dann sind wir eins mit Christus, dann sind wir in ihm und er in uns,[139] so wie sich beim Legieren Kupfer und Zinn zu Bronze mischen. Wir haben so Teil an den Erfahrungen Christi, an seinem Tod und seiner Auferstehung,[140] und diese Erfahrungen ermöglichen uns ein neues, befreites Leben in friedlicher Gemeinschaft.

In Christus hat der Tod seine absolute Macht und Endgültigkeit verloren. In Christus sind uns Tod und Auferstehung vertraut. In Christus wissen wir, dass zu jedem Werden auch ein Sterben gehört. Ohne Tod gibt es keine Auferstehung. Und es wird uns deshalb nicht mehr darum gehen, das Sterben aufzuhalten und den Tod um jeden Preis zu verhindern. Der Tod hat seinen Stachel verloren. Der Tod ist nicht nur schrecklich und bedrohlich, der Tod ist auch befreiend, in der Konfrontation mit dem Tod können wir die rechte Einstellung zum Leben finden.[141]

In Christus wird uns auch deutlich, dass wir auf Gemeinschaft hin angelegt sind. Eingetaucht in den einen Geist Christi erkennen wir uns als Teil der Schöpfung und als Teil einer menschlichen Gemeinschaft. Der Geist wirkt die Form. Und so wird es möglich, dass wir im einen Geist auch zu einem Leib werden, dass Gemeinschaft auch auf dieser Welt sichtbar wird. Eintauchen in Christus - der sagte: *Bevor Abraham wurde, bin ich.*[142] *Himmel und Erde werden vergehen, aber meine Worte werden nicht vergehen*[143] - Eintauchen in diesen Christus wirkt Einheit, Solidarität und Friede.[144]

---

[137] Gal 3.27f: ὅσοι γὰρ **εἰς** Χριστὸν ἐβαπτίσθητε, Χριστὸν ἐνεδύσασθε...ὑμεῖς **εἰς** ἐστε **ἐν** Χριστῷ᾽ Ἰησοῦ.

[138] Eph 4.5f: εἷς κύριος, μία πίστις, ἐν βάπτισμα· εἷς θεὸς καὶ πατὴρ πάντων, ὁ ἐπὶ πάντων καὶ διὰ πάντων καὶ ἐν πᾶσιν.

[139] J 14.20: *An jenem Tag werdet ihr erkennen, dass ich in meinem Vater bin und ihr in mir und ich in euch.*

[140] Tod und Auferstehung gehören zusammen. Ohne Tod gibt es keine Auferstehung und ohne Auferstehung auch keinen Tod. Diese Erfahrung ereignet sich immer wieder schon hier im einen irdischen Leben, und im Verlauf der Menschheitsgeschichte sind viele Menschen geworden und gestorben, immer wieder. In Christus ist diese Erfahrung gegenwärtig. In Christus wissen wir um Tod, Auferstehung und Wiederkunft. Und der Gedanke von Tod, Auferstehung und Wiederkunft erinnert mich auch an die Gedanken der Wiederverkörperung im Hinduismus und Buddhismus. Die Vorstellung von der Wiederverkörperung scheint einigen Stellen im NT zugrunde zu liegen. Dies zu prüfen sprengt den Rahmen dieser Arbeit. Ich verweise hier nur auf Mt 17.10-13, wo Johannes der Täufer offensichtlich als der wiedergekommene Elija gesehen wird.

[141] Die Unausweichlichkeit des Todes kann uns auch im Leben immer wieder bewusst werden, wenn wir diese Tatsache nicht verdrängen; zum Beispiel anlässlich des Todes eines vertrauten Menschen, anlässlich einer Krankheit oder eines unvorgesehenen Biwaks auf dem Gletscher. Die Gewissheit des Todes ist hilfreich, wenn der Lebensfluss sich staut oder versiegt. Angesichts des Todes verlieren viele Probleme, viele düstere Visionen und Ängste ihre absolute Bedeutung. Angesichts des Todes werden wir wieder frei für die Möglichkeiten des Augenblicks, werden wir wieder auferweckt zum Leben hier und jetzt.

[142] J 8.58
[143] Mt 24.35 par.

Wie wir uns das Eintauchen in Christus konkret vorzustellen haben, wie eine Christuserfahrung wirklich zustande kommt, wird aus den neutestamentlichen Briefen nicht klar ersichtlich. Aber es wird deutlich, dass eine rituelle Handlung, die man als Taufe versteht, diese Christuserfahrung nicht zwangsläufig bewirkt und dass durch ein Taufritual die Sache nicht ein für allemal erledigt ist. Paulus musste das Taufsymbol auch für die rituell schon Getauften immer wieder neu deuten. Er musste ihnen immer wieder deutlich machen, dass sie in Christus eingetaucht wurden und damit teilhaben an den Erfahrungen Christi. Dies macht deutlich, dass die Christuserfahrung nicht durch ein einmaliges Ritual zu erreichen ist, dass das Eintauchen in Christus eine Aufgabe des Alltags bleibt und dass diese Tauferfahrung immer wieder erneuert werden muss.

Wenn wir in Christus eingetaucht werden, werden wir Christinnen und Christen und führen deshalb ein christliches Leben. Und wo verschiedene Menschen christlich leben, entsteht ein christlicher Lebensraum, eine christliche "Atmosphäre", ein reales christliches Kraftfeld. Und Menschen, die in diesen christlichen Raum eintauchen, werden selber zu Christen. Und so wird der christliche Logos, das christliche Lebenskonzept, werden die christlichen Gedanken und Worte weitergetragen. Eintauchen in Christus geschieht da, wo wir uns mit christlichen Texten, vornehmlich mit Texten des Neuen Testaments beschäftigen, aber vor allem da, wo wir Christen in einem christlichen Lebensraum begegnen.

Wie christlich aber ist christlich? Das heisst, was haben wir uns unter einem Christen, einer Christin, einem christlichen Lebenswandel vorzustellen? Darüber scheiden sich die Geister. Die Antwort auf diese Frage ist abhängig von der Christologie. Ich will versuchen, ganz kurz sieben Merkmale einer Christin - sie gelten übrigens auch für einen Christen -, darzustellen: 1. Christin sein hängt wesentlich von Authentizität ab. Echtheit ist gefragt, eine Christin ist, wer sie ist. Sie versteckt sich nicht hinter Masken und macht ihr Urteil nicht von fremden Autoritäten abhängig. Sie ist selber Autorin und spielt nicht die Rolle eines andern. Eine Christin ist selbstbewusst und kennt ihre Möglichkeiten und Grenzen. 2. Eine Christin weiss, wem sie ihr Leben verdankt und lebt in Dankbarkeit mit Vertrauen und Ehrfurcht. 3. Eine Christin weiss, dass sie auf Gemeinschaft hin angelegt ist und erkennt sich als Glied der Gemeinschaft. 4. Sie hält sich an die Wahrheit. 5. Sie richtet ihr Tun nach der Liebe. 6. Sie weiss um die Ewigkeit im Augenblick und vermag deshalb ganz in der Zeit zu sein. 7. Sie weiss um die Gnade und macht sich deshalb keine Sorgen um ihr Leben, sondern achtet darauf, was sie zu geben hat.

---

[144] Dagegen wirkt Eintauchen in die an Zeit und Raum gebundenen Vorstellungen einer bestimmten Gruppe Spaltungen und Streit. Vgl. dazu 1Kor 1.10-17 (Spaltungen in der Gemeinde)

C - Die Taufe aus zeitgenössischer Sicht

In diesem Kapitel soll die Taufe aus der Sicht von ZeitgenossInnen dargestellt werden. In unverbindlichen Gesprächen über die Taufe wurden drei verschiedene Positionen deutlich: Einige haben "gute" Gründe für die Taufe. Andere aber liessen ihre Kinder nur deshalb taufen, weil sie sonst ein ungutes Gefühl hätten, oder um sich den herrschenden Verhältnissen anzupassen. In der Absicht, diese verschiedenen Motive systematisch zu ergründen und zu belegen, führte ich im Bekanntenkreis anhand eines Fragebogens eine Umfrage[145] zur Taufe durch. Den in diesem Kapitel dargestellten Ergebnissen liegt diese Umfrage zugrunde. Im I. Teil werden die "Rahmenbedingungen" der Umfrage offengelegt. In den Teilen II - IV werden Fragen und Antworten der Umfrage dargestellt. Im II. Teil kommen vor allem die Argumente für und gegen die Taufe zur Sprache, im III. Teil die "gültige" Form der Taufe und im IV. Teil die Bedeutung der Taufe. In jedem, dieser drei Teile, wird zuerst die diesem Teil zugrunde liegende Frage vorgestellt, dann werden die

---

[145] Exkurs: Möglichkeiten und Grenzen von Meinungsumfragen

Mittels Meinungsumfragen kann man versuchen, die Meinung zu einer bestimmten Sache in einer bestimmten Gruppe zu erheben. Die Ergebnisse können dann für verschiedene Zwecke gebraucht werden. Beispielsweise können in der Marktforschung die Ergebnisse gebraucht werden, um neue Produkte bedürfnisgerecht zu planen oder bestehende Produkte zu optimieren. Für Politiker mögen Meinungsumfragen nützlich sein, das politisch Machbare nicht aus den Augen zu verlieren. Bei demokratischen Abstimmungen entscheiden die Ergebnisse der Umfrage direkt über den einzuschlagenden Weg.

Umfragen können dazu dienen, dem Willen einer Gruppe Rechnung zu tragen, ihre Wünsche zu berücksichtigen und im Sinne der Gruppe tätig zu werden. Grundsätzlich ist es aber auch möglich, die Ergebnisse gegen die Befragten zu verwenden oder Meinungsforschung um ihrer selbst willen zweckfrei zu betreiben.

Bei Umfragen können alle Individuen einer in Frage kommenden Gruppe befragt werden. So geschieht es bei demokratischen Wahlen und Abstimmungen oder Volkszählungen. Häufig jedoch wird nur eine relativ kleine Anzahl Individuen einer Gruppe befragt, welche für die ganze Gruppe repräsentativ sein soll. Bei repräsentativen Meinungsumfragen stellt sich dann immer die Frage, ob die Ergebnisse der Umfrage tatsächlich auf die ganze Gruppe übertragen werden können, ob sie wirklich repräsentativ sind. Hier spielen mehr oder weniger komplizierte Signifikanz- und Hochrechnungen eine entscheidende Rolle. In der Soziologie und Psychologie waren, und sind es noch, repräsentative standardisierte und halbstandardisierte Umfragen eine beliebte Methode, Forschung zu betreiben. Die Problematik solcher Studien wird allerdings zunehmend bewusst. Die Übertragung der Ergebnisse auf eine grössere Gruppe, also die Verallgemeinerung der Aussagen, ist immer problematisch. Zudem gibt es objektiv gültige Aussagen nur zeitgebunden unter diversen Vorbehalten für spezielle, sehr eingeschränkte Fragen an eine ganz klar definierte Gruppe. Die Relevanz solcher Aussagen für den praktischen Lebensvollzug ist dann oft fragwürdig.

Jedenfalls sind quantitativ objektive Aussagen immer problematisch. Aber es gibt ja auch ein subjektiv qualitatives Interesse an den Ergebnissen von Umfragen. Wenn wir die Ergebnisse so betrachten, interessiert nicht, wie eine bestimmte Gruppe zu einer bestimmten Zeit beispielsweise über die Taufe denkt, wie sie die Taufe durchführt und was die Mitglieder der Gruppe dabei empfinden. Viel mehr gilt das Interesse den einzelnen Aussagen. Wir fragen, ob die Aussage vernünftig ist, ob sie uns einleuchtet, ob wir in ihr Sprache finden für unsere Erfahrung, was sie zur Klärung unserer Wahrnehmung beiträgt. Und dafür ist es nicht wichtig, wer die Aussage wann und wo gemacht hat und ob andere die Sache gleich sehen. Unter diesen Voraussetzungen hat jede Aussage grundsätzlich gleiches Gewicht, unabhängig von Rang und Namen der Person, welche die Aussage gemacht hat, unabhängig auch davon, ob sie nur von einer Person oder von vielen gemacht wurde.

So oder so, ob wir ein quantitativ objektives oder ein qualitativ subjektives Interesse haben, sind die Ergebnisse von Umfragen von vielen Faktoren abhängig: von der Gruppe, die befragt wird, von der Zeit, in der die Befragung stattfindet, von den Fragen, die gestellt werden und davon, ob diese Fragen offen oder suggestiv, schriftlich oder mündlich gestellt werden, und von den Antworten, die vorgegeben werden. Die Antworten erlauben nicht ohne weiteres Rückschlüsse auf die wirkliche Befindlichkeit der Befragten. Die Befragten werden nicht immer so antworten, wie sie eine Sache sehen. Vielleicht antworten sie so, wie sie glauben, dass es opportun ist, die Sache zu sehen oder sie antworten so, wie sie denken, dass es der Befrager haben möchte. Diese Gefahr besteht vor allem dann, wenn eine Umfrage nicht anonym durchgeführt wird. Aber auch bei anonymen Umfragen ist damit zu rechnen, dass eine Sache so dargestellt wird, wie sie für die befragte Person idealerweise wäre und nicht so, wie sie zur Zeit der Befragung wirklich ist.

vorgegebenen Antworten ausgewertet und zuletzt die persönlich formulierten Aussagen zu dieser Frage systematisch dargestellt, so dass alle genannten Aspekte zur Sprache kommen und unnötige Doppelungen vermieden werden. Im V. Teil zeigen 6 Interviewskizzen, wie verschieden die Taufe vom Einzelnen beurteilt wird.

I. Allgemeines zur vorliegenden Umfrage

Die Umfrage ist nicht repräsentativ. Mit wenigen Ausnahmen habe ich die Fragen Bekannten, die ich persönlich kenne, vorgelegt. Die Befragung habe ich mittels Fragebogen teils schriftlich, teils anhand der Fragebogen mündlich durchgeführt. Die Befragung war also meistens nicht anonym, was bei einigen Befragten die bedingungslose Ehrlichkeit erschwert haben mag. Das Wissen um die Herkunft der Antworten machte es mir aber möglich, die Antworten auf dem Hintergrund der Kenntnisse, die ich sonst von der entsprechenden Person habe, zu interpretieren.

Der Fragebogen enthält eine hebräische Kopf- und Fusszeile[146], einen Einleitungstext[147], Personalien[148] und drei Fragen, die sich aus unverbindlichen Gesprächen über die Taufe ergeben haben. Die Fragen habe ich möglichst offen formuliert, und sie konnten durch Ankreuzen vorgegebener Antworten und/oder mit persönlichen Formulierungen beantwortet werden. Die in der Umfrage gemachten Aussagen haben im Vergleich zu den Aussagen, die in den spontanen Gesprächen über die Taufe gemacht wurden, etwas an Brisanz verloren. Verschiedene Angaben erwecken den Eindruck, nicht die Überzeugung der Befragten wiederzugeben, sondern eher einer offiziellen Lehrmeinung zu entsprechen.

In der Zeit von Oktober 92 - Februar 93 habe ich gegen 120 Fragebogen verschickt oder verteilt. Bis Ende März habe ich davon 86 zurückerhalten. Zwei Ehepaare hatten einen Fragebogen gemeinsam ausgefüllt, so dass mir für die Auswertung insgesamt die Angaben von 88 Personen zur Verfügung stehen. Der Älteste

---

[146] Diese Kopf- und Fusszeile diente ohne Angabe der Herkunft als Verzierung. Erstaunlicherweise wollten nur wenige wissen, was denn da stehe. Der Text steht in 2K 5.14: Es geht um den aussätzigen Naeman: *Er ging hinunter und tauchte im Jordan unter, siebenmal, entsprechend der Empfehlung des Gottesmannes.*

[147] **Fragebogen zur Taufe**
Im Rahmen des Theologiestudiums befasse ich mich in meiner Abschlussarbeit mit der Taufe. Nebst den biblischen Texten zur Taufe interessiert mich besonders, warum Menschen in unserer Zeit sich oder ihre Kinder taufen lassen. Dazu bin ich auf Ihre Mitarbeit angewiesen. Es interessiert mich, was Sie von der Taufe erwarten, welche Hoffnungen und Ängste vielleicht damit verbunden sind, welche Erfahrungen Sie mit der Taufe gemacht haben und was für Sie zu einer richtigen Taufe dazu gehört. Ihre Angaben werde ich vertraulich behandeln. Sie dienen mir auch dann, wenn Sie nicht alle Fragen beantworten können oder wollen. Falls Sie anhand des Fragebogens Ihre Sicht der Taufe nicht in befriedigender Weise darstellen können, sind mir weitere Informationen und Anregungen am Rand oder auf zusätzlichem Papier sehr willkommen. Für Rückfragen oder zu einem Gespräch bin ich gerne bereit. Sie erreichen mich unter folgender Adresse:
Hans Schneider, Scharnachtalstrasse 9, 3006 Bern, Telefon: 031 44 29 87
Für Ihre Unterstützung danke ich Ihnen zum voraus herzlich.
Fragen zur Taufe
Bitte zutreffende Felder ankreuzen und gegebenenfalls durch eigene Angaben ergänzen. Pro Frage kann mehr als eine Antwort angekreuzt werden.
Bei den Fragen 2 und 3 geht es um die Taufe von Kindern und/oder Erwachsenen.

[148] **Personalien:** Geburtsdatum, Geschlecht, Zivilstand, Beruf, Konfession, Taufjahr. In der ersten Serie (14 Fragebogen) hatte ich auch noch nach Name, Vorname und Adresse gefragt.

der Befragten war 77 Jahre alt, die Jüngste 24, das Durchschnittsalter betrug 40 Jahre. 32 waren über 40 Jahre alt und 56 unter 40. 38 der Befragten waren Mütter, 28 Väter, 10 Frauen ohne Kinder und 12 Männer ohne Kinder. 68 der Befragten waren verheiratet, 13 ledig, 4 verwitwet und 3 geschieden. 27 der Befragten waren Hausfrauen, 16 Theologiestudierende, 14 LehrerInnen, 11 nichttheologische AkademikerInnen, 8 Büroangestellte, 7 HandwerkerInnen und 4 Theologen. 24 der Befragten gaben als Konfession reformiert an, 18 protestantisch, 15 evangelisch-reformiert, 10 römisch-katholisch, 6 evangelisch, 2 methodistisch, 2 I AM, je eine protestantisch-reformiert, evangelisch-methodistisch, evangelisch-uniert, evangelisch-lutheranisch, 4 keine Konfession und 3 machten keine Angabe zur Konfession. 79 der Befragten wurden im ersten Lebensjahr getauft, 4 als Erwachsene, 2 liessen sich als Erwachsene ein zweites Mal taufen, 5 machten dazu keine Angabe. Die meisten Befragten lebten im Kanton Bern, einige in Deutschland, 2 in Rumänien, je eine in den USA und in England.

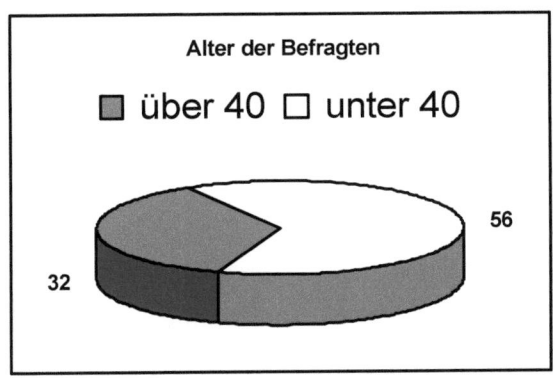

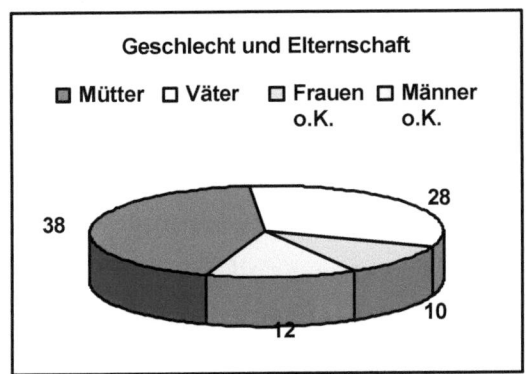

II. Sollen Kinder getauft werden?

1. Erste Frage und angekreuzte Antworten

Im Fragebogen lautete die 1. Frage: **Sollen Kinder getauft werden?** Es ging mir allerdings nicht vor allem um die Frage Kindertaufe[149] oder Erwachsenentaufe. Vielmehr habe ich die Frage so gestellt, weil für die meisten nur die Kindertaufe auch von praktischer und emotionaler Bedeutung ist. Die meisten sind nämlich als Säuglinge getauft worden und ihre Erfahrungen mit der Taufe beschränken sich auch im Erwachsenenalter auf die Kindertaufe. Eigentlich hoffte ich mit dieser Frage etwas vom zwanghaften Charakter, den die Taufe für einige offensichtlich hat, belegen zu können. So waren denn als Antworten in den Fragebogen diesbezügliche Aussagen aus den unverbindlichen Gesprächen vorgegeben. Aber nun, wo ich die Sache systematischer erfassen wollte, genügten den meisten diese Begründungen nicht. Wahrscheinlich provozierten vor allem der offiziellere Charakter des Fragebogens und die vorgegebenen Antworten zu den Fragen zwei und drei vernünftigere Begründungen. Es ging mir also ähnlich wie meinem Schwiegervater, der auf einer Waldlichtung regelmässig Rehe beim Äsen beobachtet hatte, die aber

---

[149] Ich unterscheide nicht zwischen Kindertaufe und Säuglingstaufe. Ich verstehe unter Kindertaufe die Taufe von Klein-kindern, die noch keine mündige Entscheidung für die Taufe treffen können.

ausgerechnet an jenem Abend, als er sie uns zeigen wollte, nicht am erwarteten Ort erschienen. So waren dann doch die Argumente am ergibigsten, die für und wider die Kindertaufe vorgebracht wurden.

Zu dieser ersten Frage wurden die vorgegebenen Antworten wie folgt angekreuzt:

Ich **habe** mein Kind/meine Kinder taufen lassen	53
Ich **werde** mein Kind/meine Kinder taufen lassen	9
Ich **würde** mein Kind/meine Kinder taufen lassen	15
Weil es ein schöner Brauch ist	20
Weil es die meisten tun	4
Weil ich sonst ein ungutes Gefühl hätte	5
Weil es andere Gründe dafür gibt	58

Ich **habe** mein Kind/meine Kinder **nicht** taufen lassen	8
Ich **werde** mein Kind/meine Kinder **nicht** taufen lassen	5
Ich **würde** mein Kind/meine Kinder **nicht** taufen lassen	6
Weil die Taufe nur ein volkstümlicher Brauch ist	1
Weil die Taufe nichts bringt	0
Weil ich nicht weiss, was die Taufe bewirkt	2
Weil es andere Gründe dagegen gibt	15

2. Quantitative Auswertung

Bei Berücksichtigung aller mir zur Verfügung stehenden Angaben ergibt sich folgendes Gesamtbild: 66 der Befragten sind grundsätzlich für die Kindertaufe, 10 grundsätzlich gegen die Kindertaufe, 11 je nach Voraussetzungen dafür oder dagegen, 1 ohne Angabe zur Kindertaufe. Nur 3 der Befragten, welche die Kindertaufe ablehnen, lehnen die Taufe überhaupt ab.

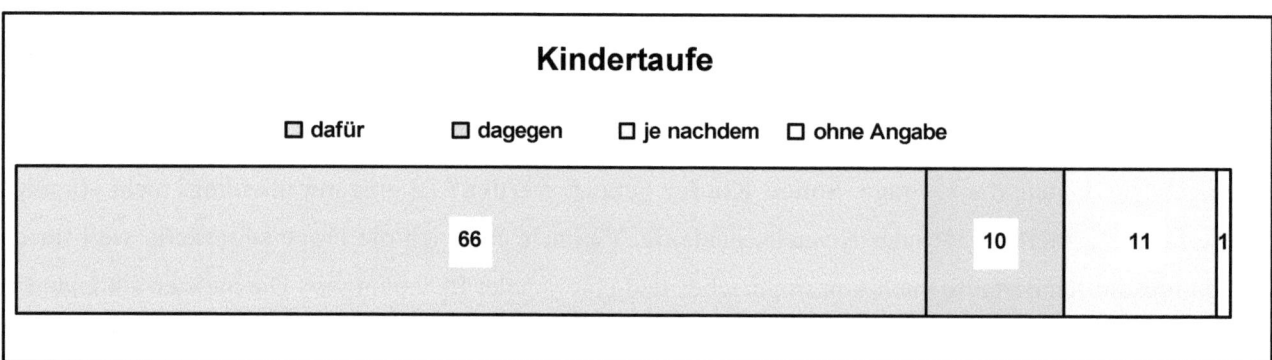

3. Argumente für und gegen die Kindertaufe

Drei Argumente (im folgenden unter a, b und c dargestellt) richten sich speziell gegen die Kindertaufe.[150] Der Sachverhalt von zwei dieser drei Argumente (a und c) wird auch zur Befürwortung der Kindertaufe gebraucht. Die Positionen dafür und dagegen sind einander gegenübergestellt. Die "weiteren Argumente gegen die Taufe" (unter d dargestellt) richten sich nicht speziell gegen die Kindertaufe. Sie sind grundsätzlicherer Natur und könnten auch gegen eine Erwachsenentaufe angeführt werden.

---

[150] Die Säuglingstaufe wurde schon Ende des 2. Jahrhunderts geübt und von Tertullian bekämpft. Seit jener Zeit war die Säuglingstaufe immer wieder Gegenstand dogmatischer Streitigkeiten, besonders deutlich bei Augustin und in der Täuferfrage nach der Reformation.

a) Bewusste Entscheidung

Die Gegner der Kindertaufe machen geltend, dass es für die Taufe eine bewusste Entscheidung, mindestens aber eine bewusste Erfahrung brauche. Die Taufe ist dann Zeichen für diese Entscheidung, Zeugnis für diese Erfahrung. *Die Taufe ist...Zeichen der Bekehrung, ein Zeugnis, dass* einer *von* seinem *alten Lebensweg umkehren will und Gott nachfolgen will.(55)* Die Taufe ist die bewusste Antwort auf die Liebe Gottes,(8) sie ist bewusster Entscheid einer christlichen Gemeinschaft angehören zu wollen (67). *Die Taufe ist wie ein Vertrag. Es braucht von beiden Seiten ein klares Ja.(72)* Es leuchtet ein, dass ein kleines Kind das nötige Bewusstsein für ein solches Ja noch nicht hat, dass es *nicht sagen kann: "Ich möchte an Jesus glauben"* (56).

Bei solcher Argumentation wird die Taufe ausschliesslich für die Darstellung einer bewussten Entscheidung, die der Täufling getroffen oder einer Erfahrung, die er gemacht hat, reserviert. Es ist aber in Betracht zu ziehen, dass es in der Taufe nicht oder nicht nur um das Bewusstsein des zu Taufenden gehen muss, sondern auch oder sogar vor allem um das Bewusstsein der bei der Taufe anwesenden Gemeindeglieder, der Tauffamilie, der Eltern und Paten. Dass die Taufe eine bewusste Erfahrung, eine Entscheidung, letztlich eine Änderung der Einstellung, Metanoia voraussetze, ist im Grunde ein Argument, dem speziell jene Bibelstellen zu Grunde liegen, in denen die Taufe mit Metanoia in Verbindung steht.[151]

Auch jene Eltern, die eine Kindertaufe ablehnen, spüren, dass die Geburt eines Kindes ein gewaltiges, wunderbares, einschneidendes Ereignis im Familienlebenszyklus ist. Dieses Ereignis ist begleitet von mancherlei Emotionen, vielleicht von Dankbarkeit für das neue Leben, von Freude, Angst, Trauer und Hoffnung. Die Eltern müssen Abschied nehmen von der traulichen Zweisamkeit und ihr Leben neu einrichten. Neue Eltern spüren besonders deutlich, dass das Leben mehr ist, als ihnen bewusst ist, und dass es sich ihrer Verfügbarkeit entzieht. Sie spüren, angesichts ihrer Aufgabe, nun ein Kind auf seinem Weg zu begleiten, dass menschliches Leben nur in Gemeinschaft wirklich gelingen kann. Es ist also nicht erstaunlich, dass es sich für ein solch gewaltiges Ereignis wie die Geburt geradezu aufdrängt, eine Feier zu veranstalten, die uns Sprache ermöglicht für all die Gefühle, für die Hoffnungen, Freuden, Ängste und Einsichten. Deshalb wird manchmal als Ersatz für die Kindertaufe eine Segnung (48,55,72) oder Darbringung[152] vorgeschlagen. Die Segnung übernimmt die Funktionen der Kindertaufe wenn die Taufe ausschliesslich für eine bewusste Entscheidung der zu taufenden Person reserviert bleiben soll.

Theologische Befürworter der Kindertaufe versuchen das Argument, die Taufe setze Bewusstsein des Täuflings für die Sache voraus, folgendermassen zu entkräften: *Die Kindertaufe ist... Zeichen für die zuvorkommende Gnade Gottes.(49)* Man verdient sich *die Taufe nicht in Form eines Bekenntnisses.(50)* Mit der Taufe lässt sich zeigen, *dass nicht der Wille des Menschen für sein Gerettetsein ausschlaggebend ist (86)* und dass, *wer das Reich Gottes nicht empfängt wie ein Kindlein,(78)*[153] nicht hineinkommen werde.

---

[151] Näheres dazu im Kapitel B IV. 2.a, Taufe und Metanoia

[152] Darbringung als Ersatz für die Säuglingstaufe taucht erstmals 1525 bei Hubmaier auf.(RGG, Band 6, 645)
[153] Für dieses Argument wird auf Mk 10.14f verwiesen.

b) Biblische Belege

Gegner der Kindertaufe weisen darauf hin, dass in der Bibel ausschliesslich Erwachsene getauft würden und nirgends davon die Rede sei, dass kleine Kinder getauft würden.(55,56,86) Dieses Argument ist allerdings kaum überzeugend. Im NT ist nämlich ausdrücklich davon die Rede, dass sich Lydia und ihr Haus,[154] ein Aufseher und die Seinen[155] und ein Vorsteher mit seinem Haus[156] taufen liessen. Es ist anzunehmen, dass sich nicht jeder Einzelne des Hauses oder der Seinen bewusst für die Taufe entschieden hat und dass zum Haus oder den Seinen auch Kinder mit dazugehört haben.

c) Anpassung an die bürgerliche Norm

Das dritte Argument gegen die Kindertaufe ist anderer Natur. Es hat nicht einen direkt biblischen Hintergrund. Es richtet sich grundsätzlich gegen die bürgerlich-christliche Norm. Es ist Ausdruck des Unbehagens in der christlichen Kultur und richtet sich nur deshalb gegen die Kindertaufe, weil bei uns zur Zeit die Kindertaufe die Norm ist. Wäre bei uns die Erwachsenentaufe die Norm, so würde sich das gleiche Argument gegen diese richten.

Ich habe meine Kinder erst nicht taufen lassen,...nur weil es ein gutbürgerliches Verhalten ist. Ich spürte den Druck, nun eine geordnete Familie darstellen zu müssen und wusste nicht, ob damit Erwartungen verbunden waren, die ich gar nicht erfüllen konnte und wollte.(28) In diesem Fall ging es um den Versuch, sich der Kindertaufe und damit der Anpassung an die bürgerliche Norm zu verweigern.

Viel häufiger beugen sich jedoch die Eltern dem Anpassungsdruck und lassen ihre Kinder deshalb taufen, weil es so üblich ist, weil die Taufe ein verbreiteter Brauch ist. Sie wollen nicht aus dem *Rahmen* (66) fallen und ihre *Pflicht* (9) erfüllen und lassen ihre Kinder dem Familienfrieden (32) zuliebe, *um die Grossmütter zu beruhigen* (46) taufen. Sie erhoffen sich so, dem Kind unnötige *Probleme* (18), einen *Sonderstatus* (61) mit der Last *anders* (26) zu sein als die meisten, zu ersparen. Sie nehmen also an, dass *getaufte Kinder in der Gesellschaft gut oder besser integriert* (52) seien als ungetaufte.

e) Weitere Argumente gegen die Taufe

Es gibt Leute, die distanzieren sich von der Taufe, weil sie sich der Kirche überhaupt entfremdet (18) fühlen und weil sie der *traditionellen, kirchlichen Lehre* (29) grundsätzlich nicht zustimmen können. Andere haben kein Verständnis (15) für die Taufe, sie verstehen die Ritualsprache nicht und empfinden den Taufakt als *kalt und unpersönlich* (34). Wieder andere enthalten sich der Taufe, weil sie in der gängigen Taufpraxis einen Missbrauch sehen. Sie weisen darauf hin, dass *die gängige Praxis die tiefe Bedeutung der Taufe verschleiert, die Taufe zu einem Ritus degradiert* (16) oder dass der Taufe eine direkte Heilswirkung zugeschrieben werde und so *der falsche Eindruck entsteht, vor Gott sei dank des Rituals "Taufe" alles in Ordnung* (86). Eine Frau stellt fest, dass *die Taufe nicht unbedingt nötig ist, um einen religiösen Weg gehen zu können* (70).

Diese Argumente sind durchaus einleuchtend. Es ist ehrlich und konsequent, sich der Taufe zu enthalten, wenn man mit dem, was damit in Zusammenhang gebracht wird, nicht einverstanden ist. Es scheint mir be-

---

[154] AG 16.15
[155] AG 16.33
[156] AG 18.8

rechtigt, sich der Taufe zu enthalten, wenn man nicht weiss, was sie bewirkt, was mit ihr gemeint ist. Und es ist ein Zeichen von Verantwortungsbewusstsein, wenn man sich der Taufe enthält, weil man erkennt, dass damit die Leute getäuscht und irregeführt werden können. Diese kritischen Stimmen zur Taufe passen zur Religionskritik Freuds, und sie legen uns die Vermutung nahe, dass die Taufe nicht immer aus freier, überzeugter Zustimmung geübt wird. Auf dem Hintergrund des Symbolverständnisses von Lorenzer ist derart motivierte Ablehnung der Taufe ein Protest gegen die zwanghafte Tradierung eines Klischees.

III. Die Form der Taufe

1. Zweite Frage und angekreuzte Antworten

Welche Voraussetzungen müssen Ihrer Ansicht nach mindestens erfüllt sein, damit die Taufe gültig ist? So lautete die zweite Frage. Ich würde sie im Rückblick anders formulieren. Es ging mir eigentlich um die Frage, welche formalen Elemente eine Taufe mindestens enthalten muss, damit sie als gültige Taufe erlebt wird. Diese Frage sollte ursprünglich, in der Annahme, dass sich die Elemente, das heisst, die Form der Taufe, aus dem der Taufe zugedachten Sinn ergeben, im Fragebogen erst an dritter Stelle stehen. Aus layouttechnischen Gründen stand sie dann aber an zweiter Stelle. In gewisser Hinsicht ist diese Reihenfolge sogar die der Sache gemässe. Absolut gesehen lässt sich nämlich die Frage, was zuerst war, die Form oder die Bedeutung, kaum beantworten. Es ist die Huhn-Ei-Frage. Aber Ausgangspunkt für meine Frage nach der Taufe war eindeutig die sichtbare Form, für die ich eine Erklärung suchte.

Zu dieser Frage sind folgende vorgegebenen Antworten angekreuzt worden:

Durchführung in einem Kirchengebäude	6
Durchführung im **Gottesdienst**	**41**

Vollzug durch **Pfarrer** oder Pfarrerin	**45**
Vollzug durch geweihten Priester	11

Taufwasser muss geweiht sein	2
Ganz im Wasser untertauchen	5
Mit Wasser besprengen	14
Mit Wasser drei **Kreuze** auf die Stirn malen	**21**

Tauf**formel**: Ich taufe dich auf den Namen des Vaters und des Sohnes und des heiligen Geistes	**50**
Irgend eine Taufformel muss gesprochen werden	10
Wer getauft wird, muss einen Taufspruch erhalten	7
Wer getauft wird, muss ein Taufversprechen ablegen	7
Wer getauft wird, muss sich zu Jesus bekennen	17
Wer getauft wird, muss bekehrt sein	5
Wer getauft wird, muss versprechen, sich an die Regeln der Gemeinschaft zu halten	3
Die Eltern müssen versprechen, das Kind christlich zu **erziehen**	**42**

Mindestens zwei Taufpaten müssen anwesend sein	16
Keine Voraussetzungen	6
Weitere Voraussetzungen	19

2. Quantitative Auswertung

a) Ein Gruppenvergleich

Die folgende Tabelle enthält jene fünf Elemente, die über 20mal angekreuzt worden sind. Ich habe die 88 Befragten in verschiedene Gruppen aufgeteilt. Die Zahlen geben an, wieviel Prozent der Befragten einer Gruppe das betreffende Element gewählt haben.

Gruppen	Gottesdienst	Pfarrer	Kreuze	Formel	Erziehung
Total	**46.6 %**	**51.1 %**	**23.9 %**	**56.8 %**	**47.7 %**
Über 40	62.5	71.9	46.9	75.0	59.4
Unter 40	37.5	42.9	10.7	46.4	41.1
Eltern	51.5	56.1	28.5	59.1	47.0
Ohne Kinder	31.8	45.5	09.1	50.0	50.0
Frauen	54.2	58.3	25.0	62.5	48.0
Männer	37.5	47.5	22.5	50.0	47.5
Nicht-TheologInnen	47.1	57.4	26.5	54.5	48.5
TheologInnen	40.9	36.4	13.6	59.1	40.1
Hausfrauen	57.1	53.6	32.1	60.7	53.6
LehrerInnen	57.0	64.3	28.6	42.9	35.7
HandwerkerInnen	14.3	42.9	28.6	42.9	42.9
KatholikInnen	20.0	30.0	10.0	70.0	50.0
Ev.ref. ProtestantInnen	50.8	61.5	29.2	55.4	50.8

Am auffälligsten sind die Unterschiede, wenn wir die Über-40jährigen mit den Unter-40-jährigen vergleichen. Sie sind in der folgenden Grafik dargestellt.

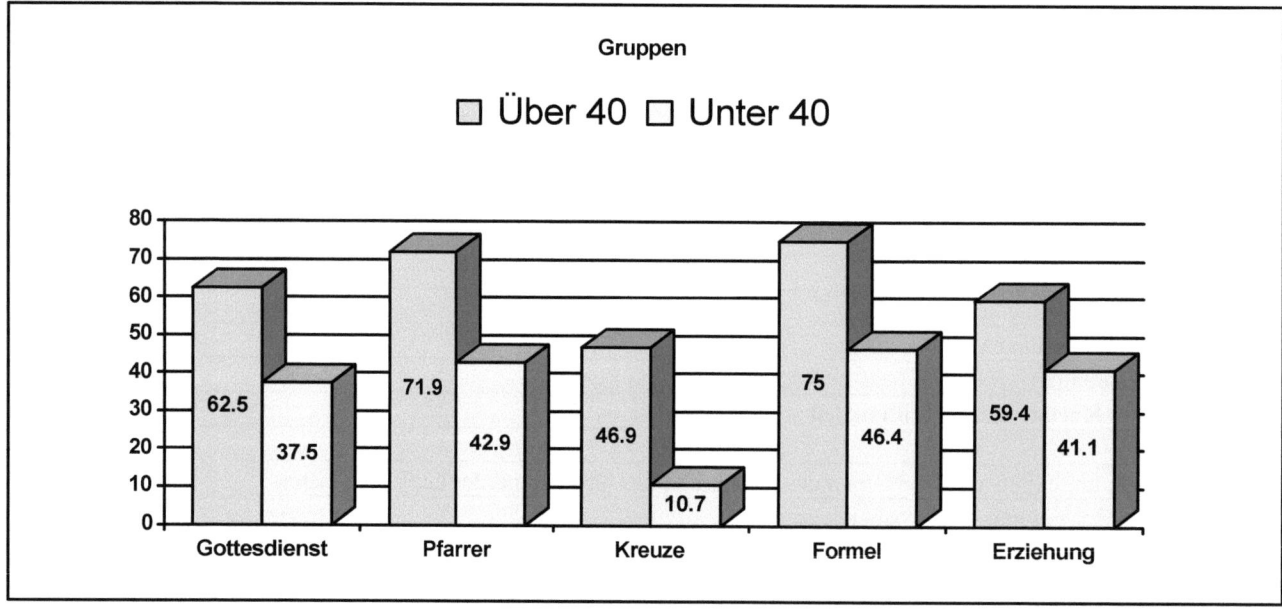

Die formalen Ansprüche an die Taufe sind bei der jüngeren Vergleichsgruppe deutlich gesunken. Befragte ohne Kinder haben, wenn wir vom Erziehungsversprechen absehen, geringere formale Ansprüche an die Taufe als Eltern. Zwischen Frauen und Männern sind die Unterschiede gering. Für Frauen scheint die Form etwas wichtiger zu sein als für Männer. TheologInnen haben mit Ausnahme der Taufformel geringere Ansprüche an die Form der Taufe als NichttheologInnen. Für die befragten KatholikInnen ist die Taufformel das mit Abstand wichtigste Element der Taufe. Hingegen ist es für 7 von ihnen möglich, eine Taufe ohne Priester oder Pfarrer durchzuführen. Dies entspricht durchaus der katholischen Lehrmeinung, dass im

Notfall auch die Eltern oder andere getaufte Laien eine gültige Taufe vollziehen können. Die KatholikInnen scheinen bezüglich der Taufe unabhängiger von der "Geistlichkeit" zu sein als die ProtestantInnen.

b) Die "allgemein gültige" Form der Taufe

In der folgenden Tabelle sind die wichtigsten formalen Elemente der Taufe zusammengestellt. Die Zahlen geben an, wie viele der Befragten zu den entsprechenden Elementen eine oder mehrere Varianten angekreuzt haben. Wenn wir die drei Personen, die grundsätzlich gegen die Taufe sind, nicht mitrechnen, ergibt sich folgendes Bild:

Element	Gottesdienst	autorisierte Person:	Wasser-Anwendung:	Wort-Anwendung:	Versprechen, Bekenntnis
Varianten		Pfarrer Pfarrerin, Priester geistige Führerperson	Weihwasser, Untertauchen, Besprengen, Kreuze	Taufformel Mt, irgend eine Taufformel, Taufspruch	Taufversprechen, Erziehungsverspr. Regeln Gemeinsch. Bekenntnis zu Jesus
Anzahl der 88 Befragten	41	48	39	58	48
% der 85 BefürworterInnen	48.2 %	56.5 %	45.9 %	68.2 %	56.5 %

Wenn wir nun für die befragte Gruppe generalisierend die Form der Taufe gültig festlegen wollten, so müsste die Taufe folgende Bedingungen erfüllen: Sie müsste in gottesdienstlicher Gemeinschaft von einer besonders autorisierten Person mit Wasser und Worten durchgeführt werden, nachdem die zu taufende Person oder deren Eltern ein Versprechen oder Bekenntnis abgelegt haben.[157] Von der Form her sieht die Taufe wie ein Vertrag aus, der in der Öffentlichkeit abgeschlossen wird. Die zu taufende Person (oder deren Eltern) verpflichtet sich zu einer bestimmten (christlichen) Lebensart oder bekennt eine solche und wird dafür in die Gemeinschaft aufgenommen, bekommt die Gemeinschaftsmarke (Kreuze und Taufschein) und damit das Recht, an den Einrichtungen der Gemeinschaft teilzuhaben.

---

[157] Es ist interessant, die formalen Anforderungen der Befragten an die Taufe mit den Anforderungen der Kirchenordnung (Kirchenordnung des Evangelisch-reformierten Synodalverbands Bern-Jura, beschlossen von der Verbandssynode am 11. September 1990) zu vergleichen.
Gemäss Kirchenordnung *wird mit Wasser auf den Namen Gottes des Vaters, des Sohnes und des Heiligen Geistes getauft.*(ebd. Art. 34.1) *Die Eltern...verpflichten sich, das ihre zu tun, um das Kind zum christlichen Glauben zu führen,*(ebd. Art. 37.1) und *die Taufe wird...vor mindestens zwei Taufzeugen...vollzogen.*(ebd. Art. 34.2) Ausnahmen von dieser Praxis sind nicht vorgesehen. Für die Mehrheit, der in meiner Umfrage Befragten ist aber für eine gültige Taufe weder eine Wasseranwendung, noch die Anwesenheit von Taufzeugen Bedingung. Immerhin aber stimmt eine Mehrheit der älteren Vergleichsgruppe mit der Kirchenordnung darin überein, dass Taufformel und Erziehungsversprechen der Eltern für die Taufe konstitutiv sind. Bei der jüngeren Vergleichsgruppe dagegen vereinigen auch diese beiden Elemente keine Mehrheit hinter sich.
Gemäss Kirchenordnung *wird die Taufe in der Regel im Gottesdienst der versammelten Gemeinde...durch den Pfarrer vollzogen.*(ebd. Art. 34.2) Eine Abweichung von dieser Praxis ist nur in begründeten Fällen vorgesehen. Die Mehrheit der älteren Vergleichsgruppe hätte mit dieser Regel keine Schwierigkeiten. Die Mehrheit der jüngeren Gruppe dagegen macht die Gültigkeit der Taufe nicht mehr vom Pfarrer abhängig und die Durchführung im Familien- oder Bekanntenkreis zu Hause, im Wald oder sonstwo ist ohne weiteres denkbar.

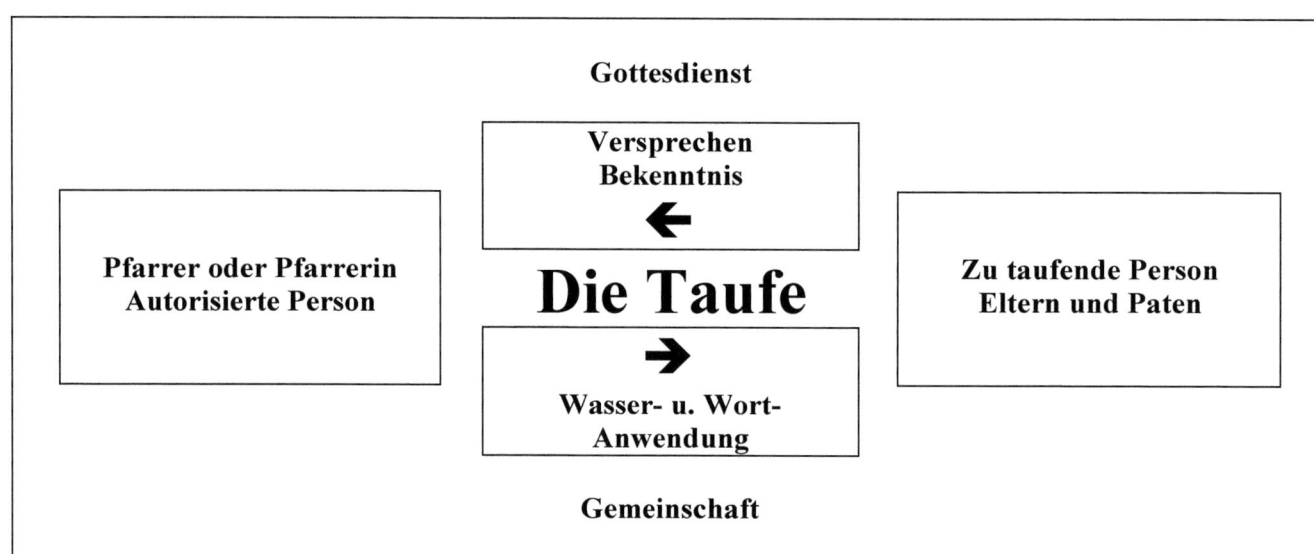

3. Die formalen Elemente der Taufe

a) Gemeinschaft und Gottesdienst

Die Tauffeier soll *in feierlichem Rahmen (12), im Beisein anderer Gläubiger,(69) in der Gemeinschaft*[158] *eines Gottesdienstes stattfinden* (35) mit *Liedern, Versen, Predigt und Essen* (12). *Die Kirchgemeinde steht während der Taufe auf oder stellt sich um den Taufaltar und bestätigt damit die Aufnahme des Getauften in die Gemeinschaft.(21) Die anwesenden Gottesdienstbesucher, sowie Eltern und der weitere Familien- und Freundeskreis sollten sich zum christlichen Glauben bekennen und darin zu leben versuchen.(35)* Im Taufgottesdienst *feiert die christliche Gemeinschaft im Wort (Taufformel), in Symbolen (Wasser, Öl, Licht) und in solidarischem Engagement (84).*

b) Zu taufende Person und Tauffamilie

Ich finde es gut, wenn in der Taufe *verschiedene persönliche Formen Platz haben. Jeder sollte* diesbezüglich *selber für sich und seine Kinder entscheiden können und somit auch Verantwortung übernehmen.(7) Form und Inhalt der Taufe müssen mit der Situation und dem Entscheid des/der zu Taufenden übereinstimmen.(67) Die Taufe sollte nicht nur eine Floskel sein. Eltern und Bekannte, Freunde etc. sollten versuchen, gemeinsam dem Kind ein Vorbild vorzuleben..., das zu leben sich lohnt.(53)*

Der Täufling muss sich aus freiem Willen für seine Taufe entscheiden können.(48) Wer sich taufen lässt, muss sich ganz klar bewusst sein, was er macht, muss sich mit dem Glauben auseinandergesetzt haben und sollte vorher Seelsorge beansprucht haben. Taufen lassen soll sich nur, wer von Gott ganz klar den Auftrag hat. Man sollte sich nie taufen lassen, nur weil andere es auch gemacht haben. Man sollte sich nie auf Befehl anderer Menschen taufen lassen.(72)

---

[158] *Darunter verstehe ich die kirchliche Ortsgemeinde, aber auch das soziale Umfeld des Täuflings.(31)*

c) Autorisierte Person

Die Taufe sollte durch Pfarrer, Pfarrerin, Priester oder den Leiter einer gläubigen Gruppe vollzogen werden.(69[159]) Oder aber *durch eine Person, die voll im Glauben steht* (1) oder *durch einen Getauften* (6). *Eine Nottaufe kann jeder Christ ausführen. Die Taufe sollte aber von einem Priester nachgeholt werden.*(10)

d) Versprechen und Bekenntnis

Für 56.5% der Taufbefürworter muss die Taufe ein Versprechen oder Bekenntnis enthalten.

In der Kindertaufe geht es vor allem um das Versprechen der Eltern, *das Kind im christlichen Sinn zu erziehen und ihm christliches Handeln vorzuleben* (52). Erweitert gesehen geht es um die *Verpflichtung der Eltern, Paten und der Gemeinschaft, das Kind als Geschöpf Gottes anzunehmen und das Kind so zu erziehen, dass es von diesem Ja Gottes zu ihm hört und es erfährt* (31). Es geht also auch um die Verpflichtung von Paten und Gemeinde, *die Eltern bei der christlichen Erziehung zu unterstützen* (73) oder, *wenn es die Not erfordern würde, anstelle der Eltern für das Kind zu sorgen* (78).

Bei der Erwachsenentaufe sollte ein Bekenntnis zu Jesus, Gott, der Gemeinschaft oder der christlichen Botschaft nicht fehlen: Erwachsene, die getauft werden, sollten *sich zum christlichen Glauben*[160] *und zur Gemeinschaft bekennen* (81). Mit der Taufe soll *die Lebenshingabe an Gott* (32) *vor Gott, den Menschen und dem Teufel* (56) bekräftigt werden. Die Taufe *ist das Bekenntnis zu unserem Gott* (52) oder zu *Jesus* (38). Die Taufe setzt *eine persönliche Beziehung zu Jesus Christus* (8) oder mindestens *den persönlichen Glauben* (9) an ihn voraus.

Es gibt allerdings auch kritische Einwände gegen ein Versprechen: Braucht es wirklich *ein Versprechen vor der Gemeinde? Ein* der Taufe *vorangehendes Gespräch mit dem Pfarrer...könnte zeigen, ob der Wunsch echt ist, in diese Gemeinde aufgenommen zu werden.*(4) Ein Versprechen zu christlicher Erziehung oder Lebensart provoziert die Frage: *Wie christlich ist christlich?* (71) Man möchte sich zwar *Mühe geben...,Kinder christlich oder im Sinne des Guten zu erziehen. Dass aber die Eltern eine christliche Erziehung versprechen müssten, ist...zu stark und zu bedrohlich.*(41) Eine Frau ist deshalb froh, dass sie *bei der Taufe kein Taufversprechen ablegen musste, die Kinder christlich zu erziehen* (20) und eine andere Frau macht darauf aufmerksam, dass *Versprechungen öfters doch nur leere Worte sind und das Karma bei Missachtung belasten* (51).

---

[159] *Der Pfarrertitel allein genügt mir aber nicht.*(41)
Schon im Donatismus-Streit des 4. Jahrhunderts ging es um die Frage, wer die Taufe gültig spenden dürfe. Die offizielle Kirche kam mit Augustin zur Ansicht, dass Gott der eigentliche Spender der Taufe sei, dass er die Handlung vollziehe und nicht ein Mensch, dass deshalb sogar die Taufe durch Heiden heilswirksam sei, *wenn sie im Namen der Trinität gespendet und gläubig aufgenommen wird.* (RGG, Band 6, 640) Es gilt *das Prinzip des opus operatum.* (ebd. 640) Für Augustin war also die Taufe unabhängig von Lebenswandel und Amt des Taufspenders gültig und wirksam. Obwohl die Reformatoren grundsätzlich an Augustins Auffassung anknüpften, war Calvin der Auffassung, dass *nur Amtsträger taufen dürfen.* (ebd. 644)

[160] Dazu auch: *Bei Erwachsenen, die getauft werden sollen, würde ich erwarten, dass sie Teilen der christlichen Botschaft zustimmen können.*(36)

e) Wort und Wasser

Der Name des Kindes muss vom Pfarrer und eventuell von andern Anwesenden laut ausgesprochen werden, damit er für alle hörbar ist.(12) *Wünsche der Eltern in Bezug auf die Taufformel sollten im Taufgespräch besprochen werden.*(2) *Eine Frau zum Beispiel möchte folgende Taufformel: Ich taufe dich auf den Namen Gottes, der wie unser Vater und unsere Mutter ist, des Sohnes und des heiligen Geistes.*(69) *Ein ausgewählter Taufspruch ist eine schöne Begleitung.*(74) *Wer getauft wird, sollte deshalb einen Taufspruch erhalten, denn es tut gut, sich an Sprüchen durchs Leben zu hangeln.*(66)

Die Taufe soll mit Wasser vollzogen werden, als Zeichen des in der Tradition Stehens (13) *und als Symbol der Reinigung* (69). *Reines Wasser ist eigentlich flüssiges Licht und enthält immer Gottessegen.*(51)

IV. Bedeutung und Wirkung der Taufe

Schon bei der Darstellung der formalen Aspekte der Taufe ist explizit und vor allem implizit einiges an Sinn deutlich geworden. Form und Bedeutung sind ja nicht völlig voneinander zu trennen. Idealerweise sollten die einzelnen formalen Elemente der Taufe dazu geeignet sein, bestimmte Erfahrungen und Einsichten symbolisch darzustellen und/oder durch sie neue Erfahrungen und Einsichten, eine neue Lebenswirklichkeit zu bewirken. In diesem Abschnitt soll nun dargestellt werden, welchen Sinn die Befragten der Taufe ausdrücklich zuweisen, welches Verständnis sie für die Taufe haben.

1. Dritte Frage und angekreuzte Antworten

Welche Wirkungen erwarten Sie von der Taufe? Oder anders gefragt: Welche Bedeutung messen Sie der Taufe bei? Diese 3. Frage geht davon aus, dass die Taufe nicht um ihrer selbst willen durchgeführt wird, sondern dass man mit der Taufe etwas bewirken oder darstellen will.

Zu dieser 3. Frage sind folgende vorgegebenen Antworten angekreuzt worden:

Aufnahme in eine **Kirchgemeinde** oder religiöse Gemeinschaft	**42**
Aufnahme in den Leib Jesu Christi	15
Aufnahme in die unsichtbare Gemeinschaft der Heiligen	11

Aufnahme ins ewige Leben	8
Annahme durch Gott	**32**

Reinigung	7
Vergebung der Sünden	13
Heilung und Heiligung	10
Teilhabe an **Tod und Auferstehung** Jesu Christi	**22**
Einswerden mit Gott	8

Schutz vor bösen Mächten	4
Geborgenheit und Sicherheit in einer Gemeinschaft	**23**
Der Vorname wird gültig	3
Beginn einer gottgemässen Lebensführung	**19**
Keine Wirkungen	3
Andere Wirkungen	19

2. Quantitative Auswertung

Bei der 2. Frage erhielten vier vorgegebene Antworten über 40 Kreuze, bei der 3. Frage nur gerade eine Antwort. Es scheint, dass im allgemeinen mehr Klarheit darüber herrscht, wie eine Taufe gestaltet werden soll, als darüber, was mit ihr erreicht oder dargestellt werden soll. Die folgende Tabelle ermöglicht wieder einen Gruppenvergleich in Bezug auf die fünf meistgewählten Antworten.

Gruppen	Kirchgem.	Annahme	Tod u. Auferst.	Geborgenheit	Beginn
Total	**47.7 %**	**36.4 %**	**25 %**	**26.1 %**	**21.6 %**
Über 40	53.1	53.1	37.5	37.5	28.1
Unter 40	44.6	26.8	17.9	19.6	17.9
Eltern	42.4	40.9	25.8	25.8	21.2
Ohne Kinder	63.6	22.7	22.7	27.3	22.7
Frauen	39.6	41.7	25.0	18.7	22.9
Männer	57.5	30.0	25.0	35.0	20.0
Nicht-TheologInnen	41.2	35.3	22.1	27.9	23.5
TheologInnen	63.6	36.4	31.8	18.2	13.6
Hausfrauen	35.7	57.1	32.1	25.0	32.1
LehrerInnen	50.0	42.9	07.1	35.7	07.1
HandwerkerInnen	57.1	00.0	14.3	28.0	14.3
KatholikInnen	60.0	40.0	40.0	10.0	30.0
Ev.ref. ProtestantInnen	55.4	38.5	26.2	30.8	21.5

Frauen und Männer ohne Kinder verbinden die Taufe vor allem, und deutlich häufiger als Eltern, mit der Aufnahme in die Kirchgemeinde. Für die Elterngruppe haben die Aufnahme in die Kirchgemeinde und die Annahme durch Gott fast das gleiche Gewicht. Männer betonen mehr die Aufnahme in die Kirchgemeinde als die Annahme durch Gott. Für Frauen dagegen ist es gerade umgekehrt. Geborgenheit und Sicherheit in einer Gemeinschaft spielen für Männer eine grössere Rolle als für Frauen. 63.6% der TheologInnen verbinden die Taufe mit der Aufnahme in die Kirchgemeinde, aber nur 35.7% der Hausfrauen. Hingegen hat für 57.1% der Hausfrauen die Taufe etwas mit Annahme durch Gott zu tun. HandwerkerInnen dagegen messen diesem Aspekt überhaupt keine Bedeutung bei. Am auffälligsten aber sind wieder die Unterschiede zwischen der älteren und der jüngeren Vergleichsgruppe. Die Jüngeren erwarten von der Taufe nicht mehr soviel wie die Älteren.

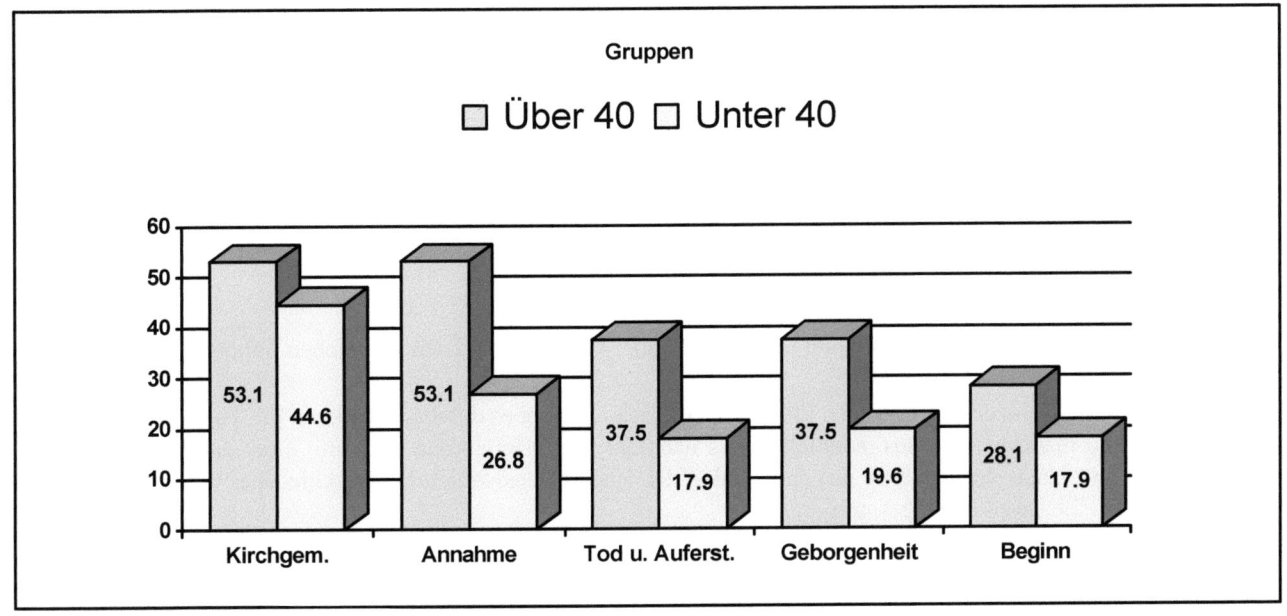

Alle oben angeführten Tabellen liefern Material zu diversen anderen Vergleichen. Ich will hier aber noch einmal ausdrücklich darauf hinweisen, dass die Umfrage nicht repräsentativ ist, beispielsweise für alle Männer und Frauen oder TheologInnen. Die Zahlen gelten für die befragte Gruppe; wenn wir die Aussagen verallgemeinern, können sie höchstens auf Tendenzen hinweisen.

3. Aspekte der Taufe

a) Kindertaufe und Erwachsenentaufe

Wie schon bei der Form, wird es auch für den Sinn der Taufe nicht nötig sein, Kindertaufe und Erwachsenentaufe gesondert zu betrachten.

66 der Befragten denken bei der Taufe ohnehin an die Kindertaufe, sind aber nicht gegen Erwachsenentaufe. Die Gegner der Kindertaufe sehen die Taufe vor allem als öffentliches Bekenntnis zu Jesus und als Versprechen, das Leben zukünftig an Jesus Christus zu orientieren. Beides spielt aber auch bei der Kindertaufe eine entscheidende Rolle. Nur sind es hier die Eltern und eventuell noch die Paten, die versprechen, das Kind christlich zu erziehen. Bei der Kindertaufe geht es um einen Vertrag zwischen Eltern und Gott, beziehungsweise der christlichen Gemeinschaft, bei der Erwachsenentaufe um einen Vertrag zwischen der zu taufenden Person und der Gemeinschaft, beziehungsweise Gott. Der Vertragsinhalt ist in beiden Fällen ähnlich. Gegen das Versprechen zu einer bestimmten, gemeinschaftsdienlichen Lebensführung erwirbt man Gemeinschaft. Es geht in der Taufe also um das Spannungsfeld von Individualität und Gemeinschaft.

Das Aufwachsen in einer bestimmten Gemeinschaft wird sicher das spätere Wirken in und für diese Gemeinschaft begünstigen. Eine spätere, bewusste Entscheidung in Freiheit für den Dienst in dieser Gemeinschaft ist aber keineswegs selbstverständlich. Einsicht für diese Hingabe muss, vielleicht in einer Phase der gesellschaftskritischen oder gar gesellschaftsfeindlichen Einsamkeit, erst reifen.[161] Diese Einsicht in einer Taufe zu feiern, finde ich nicht abwegig. Das Bild des Eintauchens ist gewiss für eine "Geburtsfeier", das heisst für die Kindertaufe, ebenso brauchbar wie für die Darstellung einer Metanoia, einer Bekehrung in reiferem Alter.[162]

b) Zeichen oder Wirkung

Viele weisen ausdrücklich darauf hin, dass mit der Taufe die Lebenswirklichkeit nicht verändert, sondern dargestellt wird. Die Taufe ist *Zeichen*[163] (13,26,38,41,55,86), ist *sinnbildlich zu verstehen* (4), sie *zeigt auf* (31,33), macht sichtbar,(66) was schon geschehen ist, was immer schon ist und was noch geschehen wird.

---

[161] Vgl. dazu: Gleichnis vom verlorenen Sohn Lk 15.11-32 oder Gleichnis von den ungleichen Söhnen Mt 21.28-32

[162] Wenn das Bild des Eintauchens in beiden Fällen angemessen ist, wäre es durchaus denkbar, die Taufe zu wiederholen. Der lukanische und markinische Jesus jedenfalls muss nach der Taufe im Jordan noch mit einer andern Taufe getauft werden. Markus und Lukas verwendeten also das Symbol der Taufe offensichtlich für verschiedenes Geschehen. Näheres dazu: Kapitel B IV. 2.c, Jesus und die Taufe.

[163] Gemäss Lorenzers Symbolbegriff müssten wir hier eher von Symbol sprechen. Aber weder die Befragten noch ich hatten damals klar zwischen Symbol und Zeichen unterschieden. Näheres zu dieser Unterscheidung steht im Kapitel A III. 3.-5.

Sie macht den andern deutlich, *ja zu Christus gesagt zu haben und in dieser Verbindlichkeit mit Christus Leben zu wollen (38)*. Sie ist *Zeichen für die Umkehr zu Gott.(55)* Mit der Taufe lässt sich zeigen, dass wir angewiesen sind auf *Reinigung, Vergebung der Sünden, Heilung und Heiligung,(4)* dass wir Anteil haben *an Tod und Auferstehung Jesu Christi (4)*[164] und *Zukunft (26)* haben in ihm. Sie zeigt auf und spricht aus *Gottes Ja zu diesem Menschen (31)*, ist Zeichen, *dass das Kind von Gott angenommen ist (41)*. *Die Taufe ist die wirksam feiernde Antwort auf das Wirkende.(84,85)*

Für andere wird durch die Taufe die Lebenswirklichkeit verändert. Sie denken an eine von der Taufe ausgehende Wirkung, an eine in der Taufe ihren Anfang habende Veränderung der Lebenswirklichkeit, der an der Taufe Beteiligten.

Die einen denken ausschliesslich an eine subjektive Wirkung, das heisst, die Wirkung ist von der Erfahrung oder vom Glauben der an der Taufe Beteiligten abhängig. Eine Befragte schreibt dazu: *Diese Handlung* (gemeint ist die Taufe) *bewirkt rein traditionalistisch gesehen nichts...Dadurch aber, dass Eltern, Paten, Grosseltern und Freunde in diesem Gottesdienst eine freudige, warme Gemeinschaft erfahren, bekommt die Taufe für sie Gültigkeit in dem Sinne, dass eine Wirkung davon ausgeht für ihr Verhalten zueinander und zum Täufling.(28)* Und einer der Befragten beleuchtete diesen Sachverhalt folgendermassen: *Ob eine Taufe... Vergebung von Schuld und Heilung bewirkt, hängt vom Glauben ab. Denn der Glaube macht alles möglich, wo er sich einstellt. Aber Glaube ist wertfrei und ermöglicht nicht nur Gutes. Wenn einer glaubt, am HIV-Virus zu sterben, dann wird er daran sterben. Genau so ist es natürlich möglich, dass einer mit der Taufe von seiner Schuld frei wird und Heilung erfährt, falls er den Glauben an Befreiung und Heilung an den Brauch der Taufe gebunden hat.*[165] In der Tat ist der Placeboeffekt auch von der Medizin her unbestritten. Und einige der Befragten scheinen in diesem Sinn an die Taufe zu glauben. Die Taufe bringt *Vergebung von Sünde, Ausgleich von Karma.*[166] Oder: *Durch das Bekenntnis zu Jesus Christus bekomme ich ein neues Leben (72)*.

Andere verbinden mit der Taufe eine objektive Wirkung[167], die sich auch ohne bewusste Erfahrung, ohne Glauben, also ohne Zutun des Täuflings ereignet. Folgende Beispiele mögen diese Behauptung untermauern: *Durch die Taufe wird man Christ.(11) Das Kind ist nach der Taufe in Gemeinschaft mit Gott.(20) Das Kind ist von diesem Gott gezeichnet und in unaufgebbarer Gemeinschaft mit Ihm gebracht.(35) Der Name des Gottes Jesu Christi wird über dem Kind ausgerufen und durch das konkrete Material des Wassers auf*

---

[164] Die Taufe *verweist auf das dem Täufling zugeeignete Heil, das in Christus liegt. Sie predigt das tägliche mit Christus Sterben und Auferstehen.* (86)

[165] Interview zum Fragebogen 47

[166] Fragebogen 17. Es geht hier allerdings nicht um den persönlichen Glauben der Befragten, sondern um die Lehrmeinung einer I AM - Gruppe in Amerika.

[167] Die Frage nach der objektiven Wirksamkeit der Taufe beschäftigte verschiedene Theologen im Verlauf der Kirchengeschichte. Cyprian machte schon im 3. Jahrhundert das Heil von der Taufe abhängig. Deshalb riet er, *die Säuglinge schon am 2. oder 3. Tag zu taufen, weil sie erbsündig sind und man ihr Heil nicht gefährden darf.* (RGG, Band 6, 638) Die Taufe galt also als einmaliges Mittel zur Vergebung der Sünden. Nach der Taufe begangene Sünden konnten nicht mehr getilgt werden. Daraus entstand *der Brauch, sich erst auf dem Sterbebett taufen zu lassen.* (ebd. 639) Mit der Reformation wird die Taufe immer mehr als Zeichen verstanden und ihre Wirkung vom subjektiven Glauben abhängig gemacht. So sagte Luther: *"Glaubst du, so hast du"...Es ist ein Irrtum zu meinen, nach dem Taufakt schon völlig rein zu sein. Unser ganzes Leben muss "ein geistliches Taufen ohne Unterlass" sein.* (ebd. 643)

das Kind gelegt für immer und ohne dessen Zutun. Ich bin froh, dass mein Bruder, der mit 3 Tagen verstorben ist, die Nottaufe erhalten hat. Jetzt weiss ich ihn in Gott und nicht ausserhalb seiner.(50)

In der Praxis ist eine klare Unterscheidung von Zeichen und Wirkung nicht ohne weiteres möglich. Denn ein Zeichen, wenn es verstanden wird, wirkt Bewusstsein. Die Taufe wird wohl, wenn sie sich nicht völlig von der Lebenswirklichkeit entfremdet hat, immer beides sein, Zeichen, Symbol, Sprache für die unabhängig davon existierende Wirklichkeit und zugleich Instrument, Mittel, um die Wirklichkeit zu verändern.[168] Auch eine klare Grenze zwischen subjektiver und objektiver Wirkung lässt sich kaum ziehen. Und Versuche, es zu tun, werden in einer Zeit, in welcher das sogenannt cartesische Weltbild aus den Fugen gerät, zunehmend fragwürdiger.

c) Gemeinschaft

Für viele hat die Taufe etwas mit Gemeinschaft zu tun, die ihren formalen Ausdruck in der gottesdienstlichen Gemeinschaft findet. Es liegt diesem Aspekt wohl die Einsicht zu Grunde, dass der Mensch auf Gemeinschaft hin angelegt ist, dass er nur in Gemeinschaft lebensfähig ist und wirklich Mensch werden kann. Viele sehen die Taufe als Zeichen der Aufnahme in die Gemeinschaft, als Aufnahmeritual, *als Zugehörigkeitsritual* (21). Das Kind soll aufgenommen werden in die *Gemeinschaft der Menschen,*(31)[169] *in die christliche Gemeinde,*(45) *in die Gemeinde,*(77) *Kirchgemeinde,*(51) *Kirche oder religiöse Gemeinschaft* (70). *Die Taufe ermöglicht eine...breitere Sozialisation...und wirkt der allgemeinen Tendenz der Individualisierung entgegen.*(28)

Die Gemeinschaft bekommt in der Taufe Gelegenheit, die neuen Gemeindeglieder kennen zu lernen. Der Taufgottesdienst ermöglicht den Teilnehmern die Erfahrung von *freudiger, warmer Gemeinschaft* (28). *Die kirchliche Gemeinschaft kann an ihre eventuellen Aufgaben, ihre Mitsorgepflicht und ans Gebet für Täuflinge beziehungsweise ihre Eltern erinnert werden.*(86) Im Taufgottesdienst können Menschen *öffentlich kund tun, wo sie stehen* (67), *sich öffentlich zu Jesus Christus bekennen* (73) oder öffentlich ein Versprechen ablegen, das Kind christlich zu erziehen.[170] *Eltern, Paten und die Gemeinschaft* können sich dazu verpflichten, dem Kind vom *Ja Gottes zu ihm* (31) zu erzählen und es dieses Ja spüren zu lassen. Taufpaten, Gotte und Götti werden offiziell in ihre Aufgabe eingeweiht,(69) in ihre *Mitverantwortung bei der Erziehung* (19) und ihre *Fürsorgepflicht, falls die Eltern einmal ihre Pflichten nicht erfüllen könnten* (62). Mit der Taufe beginnt also *die Unterstützung durch die religiöse Gemeinschaft* (34) und die *religiöse Erziehung* (81).

---

[168] Vgl. dazu: Symbol und Identität, Kapitel A III. 4.

[169] *Ich wollte das Kind mit andern Menschen, mit der Gemeinde teilen* (27)

[170] Ein Erziehungsversprechen ist für viele sehr wichtig. Natürlich gibt es auch kritische Einwände gegen Versprechen. Dazu weiter oben: Form der Taufe, Versprechen, Seite 57.

d) Gottesbeziehung[171]

Ein weiterer, wichtiger Aspekt der Taufe ist die Gottesbeziehung, das Bedürfnis nach Gotteserfahrung und Hilfe durch Gott, der Wunsch oder die Erkenntnis, von Gott angenommen zu sein, der Wunsch und die Notwendigkeit, Einsicht zu finden in die uns von Gott gesetzten Grenzen und Möglichkeiten. Es fällt auf, dass Gott öfters Funktionen der Gemeinschaft zugedacht werden, dass bei vielen Formulierungen Gott ohne weiteres durch Gemeinschaft ersetzt werden könnte.[172]

Die Taufe *macht die enge Verbindung von Gott und Mensch sichtbar* (44). *In der Taufe vertraut man das Kind Gott an* (24) und *der Name des Gottes Jesu Christi wird über dem Kind ausgerufen,*[173] und es wird *ins Buch des Lebens eingetragen*[174]. *Nach der Taufe ist das Kind in Gemeinschaft mit Gott.*(20) Die Taufe ist Zeichen, *dass das Kind in Gottes Händen aufwächst,*(1) dass Kinder *von Gott angenommen sind* (30,41) oder werden[175]. Sie verdeutlicht Gottes grundsätzliches Ja zum Menschen.(26,31,59) Eine Frau hofft, mit der Taufe dem Kind *ein Fenster in den "Himmel", zu Gott* (66) zu öffnen. *Die Taufe zeigt, dass wir Gottes Hilfe erwarten und annehmen dürfen für die schwierige Aufgabe, ein Kind zu begleiten,*(33) sie zeigt den Wunsch, *dass Gott die Kraft gebe, das Kind christlich zu erziehen, so dass sich das Kind immer als Geschöpf seines Schöpfers verhalten kann und sein Bewusstsein für Gott, Mitmenschen und Natur wächst* (54). Die Taufe bietet Raum für *eine Gotteserfahrung,*(1) sie versinnbildlicht den Wunsch nach *Einswerden mit Gott* (4) und *erinnert daran, dass die bedingungslose Liebe ihren Anfang bei Gott nimmt* (13). Die Taufe macht deutlich, Gott entgegen gehen und auf seinen Rat und seine Tat vertrauen zu wollen,(66) sie ist Zeichen der *Umkehr zu Gott hin* (55) und *ja zu Christus gesagt zu haben und in dieser Verbindlichkeit mit Christus leben zu wollen* (38).

Eine wichtige Rolle für die Gottesbeziehung scheint auch die Dankbarkeit zu spielen: *Jede Taufe ermöglicht Besinnung, dass ein junges Leben ein Geschenk des Schöpfers ist und für die ganze Menschheit das wertvollste Gut unseres Daseins darstellt.*(21) *Die Taufe ist das schönste Fest, ein Fest des Dankes, ein Kind geschenkt bekommen zu haben.*(54) *Wir dürfen das Kind an die Taufe bringen und danken* (72) und *feiern, dass Gott das Kind bei seinem Namen ruft, feiern, dass das Kind in eine grössere menschliche Gemeinschaft, als die der Kleinfamilie, aufgenommen ist. Es geht weniger um die Wirkung der Taufe, als um die wirksame, feiernde Antwort auf das Wirkende.*(84,85)

e) Verschiedenes

Im Abschnitt "Für und Wider der Kindertaufe" wurde schon erwähnt, dass viele ihre Kinder deshalb taufen lassen, um sich den herrschenden Verhältnissen anzupassen und andere die Taufe als geeignet erachten, um

---

[171] Für einige ist eine gute Gottesbeziehung ohne Taufe ebensogut möglich: *Annahme durch Gott, Einswerden mit Gott und Beginn einer gottgemässen Lebensführung sind doch völlig unabhängig von einer Taufe. (51) Ich kann Gott und Jesus Christus auch ohne Taufe in mir aufnehmen und den gemeinsamen Weg gehen. (7) Ich habe das Gefühl, dass jedes Kind von Gott angenommen ist, auch wenn es nicht getauft ist. (54)*

[172] Vgl. dazu: Religionskritik Freuds, Kapitel A II. 3.

[173] *und durch das konkrete Material des Wassers auf das Kind gelegt für immer und ohne dessen Zutun. Das Kind ist von diesem Gott gezeichnet und in unaufgebbare Gemeinschaft mit ihm gebracht.*(35)

[174] *Kinder sind Blumen im Garten der Ehe, die erst blühen, wenn Gott das Gedeihen gibt.*(40)

[175] Die Taufe bringt die Hoffnung auf Annahme durch Gott.(24)

die zuvorkommende Gnade Gottes sichtbar zu machen. Weiter wurde noch gesagt, dass die Taufe zwar *nicht heilsentscheidend ist, aber als Gehorsamsakt eine grosse Bedeutung hat. Selbst Jesus liess sich taufen.*(37) Eine Frau schreibt: *Die Taufe führt zur Intensivierung von religiösen Beziehungen zu ausser unserer Realität (ratio) liegenden/seienden Wesen.*(48) Eine andere Frau würde ihr Kind deshalb taufen lassen, weil sie von einer Taufszene *im "I AM Film" besonders beeindruckt* (51) war. Oder eine Frau möchte einem 3-4jährigen Kind mit der Taufe *ein Einweihungserlebnis ermöglichen...,welches hoffentlich als positives Erlebnis in ihm haften bleibt* (69). *Die Taufe soll eine bleibende Kraft im irdischen Leben ermöglichen* (62) und *einen Fixpunkt im Leben eines/r Gläubigen darstellen, auf den er/sie sich in Krisenzeiten stützen kann* (32).

V. Interviewskizzen zur Taufe

Bis hier habe ich die verschiedenen Aspekte der Taufe, die aus der Befragung deutlich werden, nach Häufigkeit und Inhalt systematisch dargestellt. Im konkreten Einzelfall sind aber die verschiedenen Aspekte der Taufe bunt gemischt. Es gibt soviele verschiedene Taufauffassungen, wie es Menschen gibt. Die folgenden 6 Interviewskizzen sollen dies deutlich machen. Sie sind als Stimmungsbilder gedacht, die aufgrund des bisher Dargestellten auch ohne ausführlichen Kommentar anschaulich genug sein sollten. Alle 6 Skizzen veranschaulichen die Situation unter-40jähriger Mütter und Väter, deren religiöse Identität durch die Konfrontation mit anderen Konfessionen und Religionen in Frage gestellt wurde. Dadurch haben die Amtsträger der eigenen Kirche ihre Autorität verloren und die "Dogmen" und Rituale sind fragwürdig geworden. Die religiöse Identität muss von "unten" und "innen" her neu gefunden werden, die Dogmen müssen sich an der persönlichen Erfahrung und Vernunft messen lassen und die religiösen Formen der aktuellen Situation angepasst werden.

Diese Skizzen sind aus der Erinnerung an Gespräche zur Taufe, die anhand des Fragebogens geführt wurden, entstanden. Der kursiv gedruckte Text wurde von den Interviewten auf den Fragebogen selbst formuliert oder bei Fragebogen 46 von mir wörtlich protokolliert.

1. Bitte keine Märchen

[176]Ich bin Beizer, verheiratet und habe einen Sohn. Meine Eltern sind katholisch. Ich bin in der 4. Klasse aus dem kirchlichen Unterricht entlassen worden, und der Versuch, in der 7. Klasse bei den Protestanten wieder in die Religion einzusteigen, ist auch gescheitert. Ich habe die biblischen Geschichten im Sinne einer historischen Wahrheit nie geglaubt und mit Märchen, auch mit solchen ausserhalb der Bibel, habe ich nie etwas anfangen können. Die Kirche an sich hat keine Macht und keine Kraft. Sie ist nicht mehr als die Menschen sind, die in ihr wirken. Und deshalb vermag sie nur dort etwas, wo wahre, ehrliche, echte Menschen in ihr wirken. Hätte ich einen solchen Pfarrer gehabt, so wäre ich vielleicht heute noch dabei. Einen Gott wie ihn sich die Kirche, die ich kenne, denkt, gibt es nicht. Früher haben vielleicht die schönen Worte noch etwas bedeutet, aber heute sind sie leer, heute geht es so nicht mehr. Da ist mir die Naturliebe der Indianer, ihre Achtung vor dem Leben viel verständlicher. Wenn ich die Sonne, die Flüsse und die Büffel betrachte, bin ich dem Geheimnis des Lebens näher. Der Mensch ist auf Gemeinschaft angewiesen,

_____

[176] Zu Fragebogen 23

aber dazu braucht es keine Kirche. Gemeinschaft finde ich bei Freunden und Bekannten, am Arbeitsplatz, am Wohnort und in verschiedenen Vereinen.

Unseren Sohn haben wir selbstverständlich nicht taufen lassen. *Die Entscheidung überlasse ich meinen Kindern selbst.* Obschon wir bisher kein Geburtsfest gemacht haben, kann ich mir ein solches gut vorstellen. In einer Magerwiese mit schönen Blumen, mit Vorliebe auf dem Beatenberg und mit Sicht auf Eiger, Mönch und Jungfrau würden wir ein paar Tische aufstellen und ein einfaches Buffet herrichten, vielleicht mit Brot, Käse, Wein und Oliven. So könnten wir uns zusammen mit Freunden und Bekannten im milden Licht der untergehenden Sonne am jungen Leben freuen.

2. Vor Gott gibt es nicht zwei Kategorien Kinder

[177]Ich bin 35 Jahre alt, Mutter zweier Söhne und arbeite 50% als Sekretärin. *Kirche als Institution und Religion oder Glaube sind für mich zwei verschiedene Ebenen. Ich bin meiner Kirche, der katholischen, nicht freundlich gesinnt. Im Gegenteil: ich lehne dieses patriarchalische Machtgebilde ab. Die einzige Inkonsequenz, die ich begehe, ist, dass ich ihr immer noch zugehöre und mich so vielleicht unglaubhaft mache.*

Die Entscheidung, unsere Kinder taufen zu lassen oder nicht, war für mich nicht schwierig. Es war für mich sehr rasch klar, dass ich diesen Schritt für meine Kinder nicht übernehmen will und kann. Ich möchte ihnen selber später einmal die Gelegenheit geben, sich damit auseinanderzusetzen, ob sie einer Kirche zugehören wollen oder nicht. Ich weiss nicht, woher die Tradition stammt, Säuglinge taufen zu lassen. Ich weiss auch nicht, ob die Bibel ein derartiges Sakrament in diesem Lebensalter vorsieht. Aber es leuchtet mir viel mehr ein, wenn sich Erwachsene oder ältere Kinder taufen lassen wollen, *die ein gewisses Mass an Mitbestimmung haben und sich mit der Kirche und mit dem Christentum auseinandergesetzt haben. Ich habe also rein gar nichts gegen eine Taufe, wenn der/die Betroffene auch mit einbezogen ist. Ich stelle mir die Taufe sogar als sehr intensives Erlebnis vor, wenn sie bewusst erlebt werden kann. Ich glaube* aber nicht, dass es vor Gott zwei Kategorien Kinder gibt: die Getauften und die Ungetauften. Dies ist für mich *Aberglaube und hat sehr viel mit Angst zu tun.*

3. Anpassung für das Kind

[178]Ich bin 33 Jahre alt und Juristin von Beruf. Eigentlich hat *meine Lebenserklärung wenig bis nichts mit der christlichen Religion zu tun. Ich fühle mich dieser Kirche sehr fremd und auch der Taufe. Ich würde mich als erwachsener Mensch nicht taufen lassen.* Aber ich habe nun erfahren, dass *mein Kind Probleme bekommt, weil es sich nicht ausdrücklich zu einer "Religion" über die Taufe zugehörig fühlt. Zudem ist es leichter, sich gegen etwas zu entscheiden als für etwas, und ein von "christlicher Religion" freier Raum ist in unserer christlichen Kultur ohnehin illusionär.*

Deshalb will ich nun mein Kind taufen lassen. *Das Kind wird sich zugehörig, nicht ausgegrenzt empfinden, das heisst, es wird sich in der Gemeinschaft einer Religion aufgenommen fühlen, wie seine gleichaltrigen Kollegen. Ich möchte aber dem Kind so die Entscheidung nicht einfach wegnehmen, sondern erleichtern.*

Da es sich bei der Taufe *um eine Handlung in der christlichen Religion handelt, muss die Taufe als eine solche sichtbar werden. Ein Versprechen finde ich jedoch eher problematisch. Deshalb ziehe ich äussere*

---

[177] Zu Fragebogen 68
[178] Zu Fragebogen 18

Merkmale wie Vollzug durch eine spezielle Person, an einem speziellen Ort, mit Taufformel und Taufwasser vor.

4. Die Wiedertaufe brachte nichts

[179]Ich bin 36 Jahre alt, verheiratet, Mutter einer Tochter und arbeite noch ein paar Stunden als Lehrerin. *Ich bin in meinem Geburtsjahr, von den Eltern organisiert, konventionell getauft worden. Mit 18 Jahren hatte ich während einer besonders religiösen Phase den Wunsch, mehr von Gott zu spüren. Ich unterzog mich in der Gemeinde "Entschiedener Christen" einer zweiten Taufe mit völligem Untertauchen. Es hat* aber *nicht geklappt. Die erhoffte Gotteserfahrung stellte sich nicht ein.*

Trotzdem *fühle ich mich immer noch zur "kirchlichen" Gemeinschaft im weitesten Sinne (nicht an eine Konfession gebunden und auch nicht auf den christlichen Glauben begrenzt) zugehörig und möchte meinem Kind* mit der Taufe *ein Einweihungserlebnis ermöglichen* und damit auch *ein äusseres Zeichen setzen für meine innere Haltung als Mutter: Ich versuche in meinem Leben von Gott her geleitet zu leben und möchte dies auch meinem Kind vermitteln. Ich habe den Wunsch, dass es auch diesen Weg gehen kann und gehen wird und lege deshalb ein entsprechendes Versprechen im Hinblick auf seine Erziehung ab. Die Auseinandersetzung mit der Taufe, zum Beispiel ein Gespräch mit der Pfarrerin und mit meinem Kind, hilft mir, den eingeschlagenen Weg noch bewusster zu gehen, und meinem Kind, einen ersten Zugang zur Kirche zu finden. Die Taufe ist auch dazu geeignet, Gotte und Götti in ihre Aufgabe einzuweihen. Von daher* wäre die Säuglingstaufe sinnvoller. *Wir werden aber unser Kind erst mit 3-4 Jahren taufen lassen, damit wir eben mit ihm darüber sprechen können* und dann die Taufe *hoffentlich als positives Erlebnis in ihm haften bleibt.*

Die Taufe muss nicht in einem *konventionellen Gottesdienst* durchgeführt werden. *Die Durchführung der Taufe im Beisein anderer Gläubiger genügt. Die Taufe sollte durch Pfarrer, Pfarrerin, Priester oder den Leiter einer gläubigen Gruppe vollzogen werden. Zur Taufe gehört in irgendeiner Form Wasser als Symbol der Reinigung* und *auch Gebet. Dazu möchte ich folgende Taufformel: Ich taufe dich auf den Namen Gottes, der wie unser Vater und unsere Mutter ist, des Sohnes und des heiligen Geistes.*

5. Zeichen von Umkehr und Neubeginn

[180]Ich bin gelernte Zahnarztgehilfin und seit vielen Jahren Hausfrau. Mein Mann ist Katholik, und ich bin Protestantin. Wir haben in der reformierten Kirche ökumenisch geheiratet. Unsere drei Kinder, der Älteste ist jetzt schon im 9. Schuljahr, haben wir in der reformierten Kirche taufen lassen.

Die Taufe war für mich damals einfach ein schöner Brauch. Sie war auch geeignet, die *Grossmütter zu beruhigen*, und überhaupt wollte ich *den Kindern nichts vorenthalten.* Heute denke ich, es wäre besser, die Kinder würden die *Taufe bewusst miterleben;* sie sollten also mindestens im Kindergarten sein. Zunehmend finde ich auch die Verbindung der Taufe mit gewissen religiösen Inhalten fragwürdig. Für mich könnte die Taufe heute ein Zeichen der Bereitschaft sein, ein Zeichen des Entschlusses zu versuchen, mit Gott eins zu werden, ein Zeichen des Beginns einer gottgemässen Lebensführung.

---

[179] Zu Fragebogen 69
[180] Zu Fragebogen 46

Ich würde mir einen Menschen suchen, der in dieser Hinsicht *reifer* ist als ich. Dann würde ich mit ihm zusammen an einen Ort mit *warmer Atmosphäre* gehen - am liebsten in die Natur, in den *Wald*, an einen *Bach*, auf einen *Berg* oder ans *Meer*. Es könnte auch in einem Haus sein, aber *lieber nicht in einer Kirche*. An diesem besonderen Ort würde ich der reifen Frau oder dem *reifen* Mann meinen *Entschluss mitteilen*. Zu zweit würden wir, vielleicht *aus dem Rucksack, etwas Einfaches essen und trinken*, um diesen Entschluss zu besiegeln. Weiteres Publikum wäre nicht zugegen.

6. Aufnahme in die Kirchgemeinde

[181]Ich bin aus der katholischen Kirche ausgetreten und zahle jetzt Kirchensteuern bei der reformierten Kirche. Ich bin diplomierter Buchhalter, verheiratet und habe zwei Töchter, die ich in der Ortskirche taufen liess. Die Kirchen sind nötig, sonst würden die Menschen völlig verrohen. Ich besuche normalerweise keinen Gottesdienst. Ich leiste aber gerne einen Beitrag fürs Gemeinwohl in Form von Kirchensteuern. Falls ich Hilfe bräuchte, würde ich von der Institution Kirche in meiner Kirchgemeinde Hilfe erhoffen. Ich wäre auch bereit, Gemeindegliedern aktiv zu helfen, falls man meine Hilfe anders als in finanzieller Weise benötigte.

Ich sehe die Taufe als schönen Brauch, als *Zugehörigkeitsritual,* als Zeichen der Aufnahme in eine Kirchgemeinde. Die konkrete Gemeinschaft, zu der die örtliche Kirchgemeinde, aber auch Nachbarn und ortsfremde Verwandte und Freunde gehören, bietet Sicherheit und einen "Raum", in dem menschenwürdiges Leben erst möglich wird. Mit der Taufe machen die Eltern der Kirchgemeinde bekannt, dass ein neues Lebewesen auf Schutz und Begleitung der Gemeinde angewiesen ist. Zudem ermöglicht sie den anwesenden Gemeindegliedern die *Besinnung, dass ein junges Leben ein Geschenk des Schöpfers ist und für die ganze Menschheit das wertvollste Gut unseres Daseins darstellt.*

Die Eltern versprechen vor der Gemeinde, das Kind christlich zu erziehen. Danach vollzieht der Pfarrer, die Pfarrerin oder der geweihte Priester als LeiterIn der Gemeinde die Taufe. Mit Wasser werden dem Kind drei Kreuze auf die Stirn gemalt, und es erhält einen Taufspruch. *Die Kirchgemeinde steht während der Taufe auf oder stellt sich um den Taufaltar und bestätigt damit die Aufnahme des Getauften in die Gemeinschaft.*

---

[181] Zu Fragebogen 21

Schlussbetrachtung

I. Rückblick

Ausgangspunkt dieser Arbeit war die offene Frage nach dem Sinn der Taufe. Mittels drei verschiedener Zugänge, einem "psychoanalytischen", einem "biblischen" und einem "zeitgenössischen", habe ich Antworten auf diese Frage gesucht. Die Ergebnisse dieser Suche sind hier in einem Rückblick thesenartig zusammengefasst.

1. Psychoanalytische Sicht

Distanziert betrachtet hat die Taufe eine gewisse Ähnlichkeit mit einem zwangsneurotischen Ritual. Wo sie fragwürdig wird, ist es nicht leicht, von der Erfahrung her ihre Bedeutung für den aktuellen Lebensvollzug aufzuzeigen und sie mit vernünftigen Argumenten zu rechtfertigen. Die Taufe führt ein Sonderdasein und widersetzt sich der Logik und Anpassung an die reale Aussenwelt, wie ein Zwangsritual beim Neurotiker.

Ihre zwingende Kraft verdankt die Taufe ihrer unbewussten Verknüpfung mit wichtigen Ereignissen, Konflikten und Einsichten aus der Entwicklungs- und Lebensgeschichte des Individuums und der menschlichen Gemeinschaft.

Diese Einsichten sind für die Identität des Individuums und für sein Verhältnis zur Gemeinschaft entscheidend. Deshalb ist es nicht möglich, ohne Ersatz auf die Taufe zu verzichten.

Solange die Einsichten und Konflikte, die mit der Taufe verknüpft sind, unbewusst bleiben, sind die Menschen in gewisser Weise von der Taufe abhängig, und wegen dieser Abhängigkeit kann die Taufe dazu missbraucht werden, Kulturvorschriften auch gegen den Willen und die Einsicht des Einzelnen durchzusetzen. Eine solche Kultur steht allerdings auf einem schlechten Fundament. Derart fundierte kulturelle Ordnung gerät sofort aus den Fugen, sobald die geistlichen Autoritäten, die mit der Taufe die Ordnung "verwalten", fragwürdig werden.

Festen Boden und tiefen Sinn finden wir erst da, wo die Taufe wieder verbunden wird mit Vernunft und alltäglicher Erfahrung, dort, wo ihr Potential wieder etwas zu tun hat mit dem aktuellen Lebensvollzug. Mit der Taufe haben wichtige Erfahrungen und Einsichten Sprache gefunden, und dort, wo Erfahrung und Sprache zusammentreffen, leuchtet Sinn auf.

Die Taufe wird, dadurch dass wir Verständnis finden für ihre Kraft, nicht überflüssig, genau so wenig wie eine Sprache überflüssig wird, wenn wir sie verstehen. Wenn wir nämlich eine Sprache verstehen, ermöglicht sie uns, uns mit andern über unsere Erfahrungen und Einsichten, unsere Wünsche und Nöte zu verständigen, unseren Lebensvollzug sinnvoll zu gestalten, zu ordnen. Durch die Sprache wird das Chaos zum Kosmos.

So gesehen ist die Taufe ein Symbol, verdichtete Sprache für gewisse Einsichten und Erfahrungen. Symbole helfen uns, Identität zu finden und die gefundene Identität findet ihren Ausdruck in Symbolen. Zwischen Symbol und Identität besteht ein lebendiger hermeneutischer Zirkel. Dort, wo lebendige Symbole, aus welchen Gründen auch immer, zu Klischees werden, zu denen es nichts zu sagen gibt, verlieren wir die Identität und damit den Lebenssinn aus den Augen; dort, wo sie reduziert werden auf einen eindimensionalen, eindeutigen Begriff, erstarrt das Leben zum Bilde.

2. Biblische Sicht

Zwischen den Verben βάπτω und βαπτίζω gibt es keinen grundsätzlichen Bedeutungsunterschied. Die Grundbedeutung für beide Verben ist eintauchen, untertauchen. An spezieller Bedeutung kommt all das in Frage, was je nach Tauchgegenstand und Tauchmedium Folge des Eintauchens sein kann (benetzen, tränken, tunken, versenken, baden, waschen, übergiessen, begiessen, betrunken machen, überschütten, überhäufen, begraben, härten, stählen, legieren, füllen, färben, trüben usw.). In der Zürcher Bibel wird βαπτίζω im NT im Gefolge Wulfilas meistens mit "taufen" übersetzt, βάπτω dagegen nie. Im AT werden beide Verben nie mit "taufen" übersetzt. Durch diesen Sprachgebrauch in deutschen Bibelübersetzungen wird unnötigerweise getrennt zwischen sinnlich fassbarem Tauchgeschehen und einem metaphysischen, sinnlich nicht fassbaren Geschehen, welches durch eine sinnlich fassbare Tauchhandlung bildlich (symbolisch) dargestellt wird. Ein solcher Sprachgebrauch erschwert das Verständnis der Taufe, weil das Symbol des Eintauchens so von Erfahrung und Vernunft abgekoppelt wird.

Die Verben βάπτω und βαπτίζω werden häufig durch die Präpositionen ἐν und εἰς mit dem Tauchmedium verbunden. Von der Bedeutung der Verben her sollten diese Präpositionen in der Regel mit "in" beziehungsweise "in hinein" übersetzt werden.

Für das Verständnis der biblischen Texte zur Taufe im NT sind die Tauftexte des AT sehr hilfreich, weil im AT das Tauchgeschehen meist sinnfällig ist und sich deshalb gut von alltäglichen Erfahrungen her verstehen lässt. Das Tauchgeschehen lässt sich auf dem Hintergrund der Tauftexte im AT durch die folgende Formel charakterisieren: "Jemand taucht etwas oder jemanden in etwas hinein zum Zweck der Markierung, Reinigung und Veränderung".

Die Taufe im NT ist ein Symbol, das an Bedeutung unerschöpflich ist. Unter anderem sind für die Taufe Aspekte wie Sinnesänderung, Loslassen / Vergeben, Glaube, Aufnahme in die Gemeinschaft, Einswerdung mit Christus und Empfang des heiligen Geistes von Bedeutung. Die sinnlich fassbare Tauchhandlung kann verschiedene Dimensionen haben: Sie kann sein, was sie von der Sache her ist, ein sinnfälliges Geschehen. Sie kann aber auch Symbol sein für metaphysische Prozesse (zum Beispiel eine Sinnesänderung), die geschehen sind und geschehen werden oder geschehen sollen. Und sie kann auch Mittel sein, um eine neue Wirklichkeit, eben z.B. eine andere Einstellung zum Leben, zu provozieren.

Damit das Eintauchen als Bild für metaphysische Prozesse anschaulich bleibt, ist es sinnvoll, den Namen, Christus und den Geist als metaphysische Tauchmedien aufzufassen.

Die Taufe muss im NT (selbstverständlich auch im AT) in der Biographie einer Person kein einmaliges Ereignis bleiben. Die Evangelisten haben das Symbol der Taufe offensichtlich für verschiedene Geschehnisse gebraucht. Für Jesus war nach der Johannestaufe mindestens noch eine andere Taufe nötig. Und auch Apollos liess sich nach der Johannestaufe ein zweites Mal taufen, in der Hoffnung, nun dadurch den heiligen Geist zu empfangen.

Die von Mt 28.19 abgeleitete Taufformel "ich taufe dich auf den Namen des Vaters und des Sohnes und des heiligen Geistes" wird aus zwei Gründen leicht zum Klischee: 1. Die in deutschen Übersetzungen häufig gebrauchte Wendung "tauft auf" für "βαπτίζοντες εἰς" erschwert die Verbindung des Symbols mit realen Erfahrungen. Statt dessen würde es die Übersetzung "taucht hinein" leichter machen, das Symbol von alltäglichen Erfahrungen her mit Sinn zu füllen. 2. Die ursprüngliche Taufaufforderung "taucht alle ein in den Namen des Vater und des Sohnes und des heiligen Geistes" wurde für den liturgischen Gebrauch in einen Sprechakt umgewandelt. Dies führt zum Missverständnis, mit diesem Sprechakt sei das Ziel nun schon erreicht. Das aber, was Menschen zu Christen macht, ist durch eine einmalige, rituelle Tauchhandlung, durch ein Taufritual nicht zu erreichen. Das hat auch Paulus schon gewusst, und er hat deshalb den rituell schon Getauften die Bedeutung der Taufe neu erklärt und sie so von neuem in die Christuserfahrung eingetaucht.

3. Zeitgenössische Sicht

Die Kindertaufe ist zwar immer noch verbreitet, aber nicht mehr selbstverständlich. Das Seelenheil wird nur noch selten bewusst von der Taufe abhängig gemacht. Eltern, die ihre Kinder nicht taufen lassen und Ungetaufte werden nicht zwangsläufig zu Aussenseitern der Gesellschaft. Die formale Kirchenmitgliedschaft hat in unserer pluralistischen, individualistischen Gesellschaft faktisch nur noch wenig Bedeutung. Unter diesen Voraussetzungen wird die Taufe zunehmend fragwürdiger. Die Eltern haben die Wahl und müssen sich bewusst für oder gegen die Taufe entscheiden, und ein solcher Entscheid will bedacht sein und verlangt nach vernünftigen Gründen.

Unter diesen Voraussetzungen hat die Taufe an Wert eingebüsst und etwas von ihrem zwingenden Charakter verloren. Die Forderung nach vernünftigen Gründen führt zu einem Begründungsnotstand. Einige lehnen deshalb mangels vernünftiger Gründe die Taufe ab. Viele aber reduzieren das Symbol der Taufe zu einem Zeichen der Aufnahme in die Gemeinschaft.

Es gibt kein einheitliches Taufverständnis. Über die Form der Taufe besteht mehr Klarheit als über deren Bedeutung. Am deutlichsten wird dies am Beispiel der Taufformel. Sie ist jenes formale Element, das am meisten als für die Taufe unverzichtbar genannt wurde, aber über die Bedeutung dieser Formel wurde nichts gesagt. Das Klischeehaft-Zwanghafte, das der Taufe immer noch anhaftet, zeigt sich am deutlichsten am unbegründeten Festhalten an der Taufformel.

Die meisten denken bei der Taufe an die Kindertaufe und sehen also die Taufe in Zusammenhang mit der Geburt eines Kindes. Andere sehen die Taufe in Zusammenhang mit einem einschneidenden Erlebnis in der Biographie eines Erwachsenen, mit einer Änderung der Einstellung, einer Bekehrung hin zu einem gemeinschaftsdienlichen, gottgefälligen Leben.

Der wichtigste Aspekt der Taufe ist die Beziehung des Einzelnen zur Gemeinschaft und zu Gott. Die Taufe ist so etwas wie ein Vertrag, der dem Einzelnen gegen ein Versprechen die Integration in die Gemeinschaft und eine gute Gottesbeziehung sichern soll. In vielen Formulierungen, die die Gottesbeziehung betreffen, wird von Gott erwartet, was eigentlich von der Gemeinschaft erwartet werden könnte. Gott übernimmt quasi die Funktion der Gemeinschaft. Diese Formulierungen ergäben auch dann einen guten Sinn, wenn wir Gott durch Gemeinschaft ersetzen würden. Eine besondere Situation ergibt sich dadurch, dass die örtliche Kirchgemeinde nur noch selten die für einen Menschen tragende Gemeinschaft ist. Viel wichtiger als die Kirchgemeinde ist heute für die soziale Geborgenheit der Freundes- und Bekanntenkreis, die Mitgliedschaft in irgendwelchen Vereinen und das berufliche Umfeld. In diesem sozialen Netz spielen Konfession und Kirche oft keine Rolle. Es ist verständlich, dass die Taufe auch deshalb an Bedeutung verliert.

II. Dimensionen der Taufe

1. Allgemeines

Die Taufe ist ein Symbol, das zum Verständnis verschiedenster Erfahrungen und Ereignisse dienlich sein kann. Etymologisch betrachtet ist die Taufe ein Tauchgeschehen, das heisst, die Grundbedeutung von Taufe ist Eintauchen. Um den Informationsgehalt dieses Symbols zu erschliessen, müssen wir an unsere Erfahrungen anknüpfen und uns sinnlich fassbares Tauchgeschehen vergegenwärtigen, und zwar sowohl den Tauchvorgang selbst als auch die damit erzielte Wirkung.

Wir können die Hose ins Waschbecken eintauchen, um sie zu reinigen, den Pinsel in Farbe um, damit die eigenen Werkzeuge oder die Schafe zu kennzeichnen, oder das Litermass in die Milch, um es zu füllen. Das glühende Eisen wird gehärtet durchs Eintauchen ins Öl, die Spaghetti werden weich im kochenden Wasser, die Eier, abgeschreckt im kalten Wasserbad, gut schälbar. Zinn, das wir in flüssiges Kupfer hineintauchen, wird eins mit diesem, wird Bronze.

Verschiedenste Gegenstände können in verschiedenste Tauchmittel eingetaucht werden. Dabei werden sie gereinigt, markiert, verändert oder eins mit dem Tauchmedium. Derartige Beispiele gibt es unbeschränkt viele. All diese Prozesse sind sinnfällig und einleuchtend und grundlegend für die Bedeutung des Taufsymbols. Nur dann, wenn wir mit dem Tauchgeschehen sinnliche Erfahrungen verbinden können, kann es auch als Symbol dienen, um Erfahrungen, Prozesse und Vorstellungen darzustellen, die sinnlich nicht fassbar sind. Als Tauchmedien kommen dann Gedanken, Geist, Namen und Personen, in denen sich Erfahrungen und Erkenntnisse verdichtet haben, Kraftfelder und anderes in Frage. Beim Eintauchen in diese Tauchmedien werden wir gereinigt von lebensfeindlichen Vorstellungen, verändert sich unsere Einstellung zum Leben, verbinden wir uns mit dem, was wir sind, finden wir Ruhe, Einsicht und Kraft und werden gezeichnet von dieser Erfahrung.

Die Taufe kann also physisches und metaphysisches Geschehen sein, und sie kann physisches und metaphysisches Geschehen symbolisch darstellen.

2. Kindertaufe

Anlässlich der Geburt eines Kindes wird besonders deutlich, dass der Mensch sein Leben nicht sich selbst verdankt und dass er ein hilfloses Individuum ist, das auf Gemeinschaft hin angelegt ist. Der Mensch kann nicht Mensch sein und Mensch werden ohne andere Menschen. Kleine Kinder sind total abhängig von ihren Eltern oder andern Pflegepersonen, und auch die Eltern spüren, dass sie ihren Erziehungsaufgaben nur dann gerecht werden können, wenn sie dafür durch die Gemeinschaft unterstützt werden. Der Mensch muss in die Gemeinschaft hineingetaucht werden. Menschwerdung und Menschsein steht im Spannungsfeld zwischen Individualität und Gemeinschaft. Der Mensch muss aus symbiotischer diffuser Einheit entbunden und ein eigenständiges Individuum werden und als solches in Freiheit in der Gemeinschaft den seinen Gaben entsprechenden Platz finden.

Bei der Taufe bringen die Eltern ihr Kind in die Gemeinschaft und versprechen, es christlich zu erziehen, das heisst, es mehr und mehr aus der symbiotischen Einheit zu entlassen und ihm so zu ermöglichen, ein Individuum zu werden, das später in Freiheit seine Gaben in die Gemeinschaft einbringen kann. Die von der Gemeinde autorisierte Person taucht das Kind symbolisch in die Gemeinschaft ein. Sie markiert das Kind, das Wasser symbolisiert die Farbe, mit dem Kreuz, dem Symbol der Gemeinschaft freier Individuen, dem Symbol aller christlichen Erfahrung, und sie bestätigt die Aufnahme durch die Taufformel: *Ich tauche dich ein in den Namen des Vaters und des Sohnes und des heiligen Geistes.*[182] Die Taufformel weist symbolisch auf das hin, was schon vor der rituellen Taufe begonnen hat und nach der rituellen Taufe im Alltag allmählich vollendet werden soll. Wir sind es einander schuldig, uns mit dem vertraut zu machen, was wir vom Vater, vom Sohn und vom heiligen Geist wissen.

Die Kindertaufe ist nicht aktuell bedeutungsvoll für das Kind, sondern für die Eltern und die andern urteilsfähigen Gemeindeglieder. In der Taufe finden sie Sprache für das Geheimnis der Menschwerdung und werden an ihre Aufgabe in diesem Prozess erinnert. Die rituelle Taufe bietet auch Anlass für ein fröhliches Zusammensein und schafft so die Möglichkeit für die Erfahrung freudig warmer Gemeinschaft. Das Tauffest, die symbolische Erinnerung an die Grundlagen des Menschseins in Verbindung mit der realen Erfahrung von Gemeinschaft, wird ausstrahlen in den Alltag, wo das Eintauchen Wirklichkeit werden muss. Und so wird dann die Taufe auch für das Kind bedeutungsvoll.

Durchs ganze Leben werden wir immer wieder eingetaucht in neue Erfahrungen. Das Symbol des Eintauchens ist nicht beschränkt auf das Einfügen in die Gemeinschaft. Es kann auch gebraucht werden für andere Erfahrungen, auch für schmerzliche bis hin zum physischen Tod, mit welchen Menschen in ihrem Leben konfrontiert werden. Es sind Erfahrungen, die wir nicht planen und denen wir uns nicht entziehen können, Erfahrungen, die sich unserer Verfügbarkeit entziehen. Auch Jesus stand nach der Wassertaufe vor einer solchen Erfahrung und sagte: *Ich muss mit einer Taufe getauft werden und ich bin sehr bedrückt, solange sie noch nicht vollzogen ist.*[183] Wir müssen immer wieder bereit sein, auch das zuzulassen und anzunehmen, was uns schmerzt und ängstigt. Diese Einsicht zu vermitteln gehört auch zur Symbolik der Taufe. Wir können und sollen uns selber und unsere Kinder nicht vor allen schmerzlichen, uns ängstigenden Erfahrungen bewahren.

3. Metanoia zum Leben

Das Aufwachsen in einer christlichen Gemeinschaft bietet keine Gewähr dafür, dass ein Mensch automatisch seinen Platz findet in dieser Gemeinschaft. Vielleicht muss er zuerst in gemeinschaftskritischer Einsamkeit reifen; vielleicht auf einem Selbstversorgungstrip die Grenzen von Autonomie und Unabhängigkeit, die Unmöglichkeit der eigenen Existenzsicherung und die Unverfügbarkeit des Lebens erfahren. Vielleicht wird er erst auf dem Hintergrund dieser Erfahrung bereit für die Einsicht, dass er eigentlich ein Gemeinschaftswesen ist, bereit, eingetaucht zu werden in ein "neues" Lebenskonzept, bereit, von seiner alten Einstellung abzulassen und seine Einstellung zu ändern.

Diese Sinnesänderung wird ihn ins rechte Verhältnis zum Schöpfer setzen, und er wird sich als Glied der Gemeinschaft erkennen. Er wird bereit sein für ehrliche, wahre Beziehungen und offen für das Andere. Er wird die Ewigkeit im Augenblick finden und sich an der Wahrheit und Liebe orientieren, und statt ängstlich darum zu kämpfen, dass er genug bekommt, wird er nun darauf achten, was er zu geben hat. Er wird in Freiheit mit seinen Gaben der Gemeinschaft dienen und sich einordnen in den kosmischen Plan.

Es leuchtet ein, die Sinnesänderung, das Eintauchen ins neue Lebenskonzept durch das Eintauchen in einen Fluss symbolisch darzustellen und es so zu besiegeln. Es ist aber auch denkbar, dass das Eintauchen der

---

[182] Taufformel, abgeleitet von Mt 28.19
[183] Lk 12.50

Sinnesänderung vorausgeht, diese vorbereitet, provoziert, katalysiert. Im Fluss bleibt das Alte zurück wie Schmutz. Im Fluss stirbt der nach dem alten Lebenskonzept ausgerichtete Mensch. Im Fluss wissen wir uns in einer grossen Bewegung, die nicht wir kontrollieren, in der uns abhängig von Raum und Zeit verschiedene und immer wieder neue Möglichkeiten offen stehen. Im Fluss kommen die Lebenskräfte in Fluss. Im Fluss werden wir bereit für Aufbruch und Reise.

Das Loslassen lebens- und gemeinschaftsfeindlicher Einstellungen ist kein einmaliger Akt. Wir müssen immer bereit sein für Metanoia. Die richtige Einstellung müssen wir immer wieder neu finden. Und vielleicht könnte es dazu hilfreich sein, ab und zu mit diesem Bewusstsein in einen Fluss einzutauchen.

4. Die mystische Taufe

In dieser Welt von Raum und Zeit, in der Vielfalt der Formen und Bewegungen, im unaufhörlichen Prozess von Stirb und Werde verlieren wir leicht die Orientierung und mit ihr den Sinn. Und es ist von daher notwendig, dass wir uns immer wieder eintauchen lassen in den Grund, in das, was uns trägt, in das, was wir sind, nämlich Gesalbte des Einen. Wir müssen also eingetaucht werden in Christus, der uns als Jesus wissen lässt: *Ich bin bei euch alle Tage, bis ans Ende der Welt.*[184] Bei diesem Eintauchen werden wir eins mit ihm und haben so Teil an den Erfahrungen, Einsichten und Möglichkeiten Christi. Wir wissen um Tod und Auferstehung und hören den Zuspruch: *Du bist mein geliebter Sohn* (meine geliebte Tochter), *an dir habe ich Gefallen gefunden.*[185] Wir spüren die Ewigkeit im Herzen, fühlen uns verbunden mit der einen Quelle des Lebens und werden selber zu dieser Quelle von Freude, Liebe und Licht.

Solche Erfahrung befreit uns aus den Verstrickungen und Nöten von Raum und Zeit. In der Verbindung mit dem Einen werden wir ruhig und zuversichtlich, bekommen wir Kraft und finden wir Einsicht in unseren Plan, dem wir dann gezeichnet mit dem Siegel des Seins wieder entschlossen folgen können, durch immer neuen Raum und neue Zeit.

Solche Erfahrung ist nicht machbar, sie stellt sich unvermittelt ein. Sie ist so etwas wie eine Erleuchtung, eine Gotteserfahrung. Vielleicht stellt sie sich ein angesichts der untergehenden Sonne mitten im Bahnhofslärm am Freitagabend; vielleicht im hellen Licht zwischen Wolken beim Malen auf dem Berg; vielleicht anlässlich einer Begegnung mit einem besonderen Menschen nach einer Aufführung des Hymnus Christi. vielleicht des Nachts in der Stille, wenn alle schlafen, anlässlich der Vorstellung des eigenen physischen Todes, oder beim tonlosen innerlichen Sprechen und Hören der Wörter "Jesus von Nazareth".

Solche Erfahrung ist eine Begegnung mit dem ewigen Christus, der sich als Jesus von Nazareth beispielhaft zu erkennen gab mit den Worten: *Bevor Abraham wurde bin ich.*[186] *Himmel und Erde werden vergehen, aber meine Worte werden nicht vergehen.*[187]

Diese Taufe wäscht ab die Spuren von Raum und Zeit.

In ihr werden wir eins mit dem, was wir sind.

Aus ihr nehmen wir mit das Siegel des Seins, ein liebes, warmes Leuchten.

---

[184] Mt 28.20
[185] Mk 1.11
[186] J 8.58
[187] Mt 24.35 par.

Literaturverzeichnis

Bibelausgaben
Biblia Hebraica BHS	Deutsche Bibelgesellschaft, Stuttgart 1983
Einheitsübersetzung	Katholische Bibelanstalt GmbH, Stuttgart 1979
Herderbibel	Verlag Herder KG, Freiburg im Breisgau [9]1965
Lutherbibel	Deutsche Bibelgesellschaft, Stuttgart 1984
Nestle-Aland	Novum Testamentum Graece, Deutsche Bibelgesellschaft, Stuttgart [26]1979
Septuaginta Rahlfs	Deutsche Bibelgesellschaft, Stuttgart 1982
Zürcher Bibel	Verlag der Zürcherbibel, Zürich [18]1982

Nachschlagewerke
Aland Kurt	Vollständige Konkordanz zum Griechischen Neuen Testament, Berlin / New York 1983
Bauer Walter	Griechisch-deutsches Wörterbuch, Berlin / New York [6]1988
Bremer	Biblische Hand-Konkordanz, Stuttgart 1948
Frisk Hjalmar	Griechisches etymologisches Wörterbuch, Heidelberg 1954
Gesenius Wilhelm	Hebräisches und aramäisches Handwörterbuch, Berlin / Göttingen / Heidelberg [17]1915
Hatch E. / Redpath H.	A concordance to the septuagint, Oxford 1897
Kluge Friedrich	Etymologisches Wörterbuch der deutschen Sprache, Berlin / New York [22]1989
Kühner Raphael	Grammatik der Griechischen Sprache, Teil II, Satzlehre, Band 1, Hannover 1890
Langenscheidt	Langenscheidts Handwörterbuch italienisch, Berlin / München / Wien / Zürich 1972
Lisowsky Gerhard	Konkordanz zum hebräischen Alten Testament, Stuttgart 1958
Menge H. / Güthling O.	Enzyklopädisches Wörterbuch der griechischen und deutschen Sprache, Berlin / München / Zürich [19]1965
Pfeifer Wolfgang	Etymologisches Wörterbuch des Deutschen, Berlin 1989
Rahner Karl	Kleines Theologisches Wörterbuch, Freiburg / Basel / Wien / 1961
Rienecker Fritz	Sprachlicher Schlüssel zum Griechischen Neuen Testament, Giessen / Basel [18]1987

Artikel aus Lexika
Dinkler Erich	Taufe:II Im Urchristentum: Die Religion in Geschichte und Gegenwart **RGG** 6, 627-637, Tübingen 1962
Kettler F.H.	Taufe: III Dogmengeschichtlich: Die Religion in Geschichte und Gegenwart **RGG** 6, 637-646, Tübingen 1962
Oepke Albrecht	βάπτω, βαπτίζω, βαπτισμός, βάπτισμα, βαπτιστής: Theologisches Wörterbuch zum Neuen Testament **ThWNT** 1, Stuttgart 1933

Spezialliteratur
Claudius Matthias	Der Mond ist aufgegangen: Gesangbuch der evangelisch-reformierten Kirchen der deutschsprachigen Schweiz, Lied 92
Descartes René	Meditationes de prima philosophia, hg. v. Lüder Gäbe, Hamburg [2]1977
Freud Sigmund	Studienausgabe 1, Vorlesungen, hg. v. Alexander Mitscherlich, Angela Richards, James Strackey, Frankfurt am Main 1969, darin: Vorlesungen zur Einführung in die Psychoanalyse, 1916/17, 34-445; Neue Folge der Vorlesungen zur Einführung in die Psychoanalyse, 1933, 448-608
Ders.	Studienausgabe 9, Gesellschaft / Religion, hg. v. Alexander Mitscherlich, Angela Richards, James Strackey, Frankfurt am Main 1974, darin: Die Zukunft einer Illusion, 1927, 135-189; Der Mann Mose und die monotheistische Religion, 1939, 455-581
Gäbler Christa u. andere	Taufgespräche in Elterngruppen, Zürich 1976
Jones Ernest	Die Theorie der Symbolik: Internationale Zeitschrift für Psychoanalyse 5, 1919
Lorenzer Alfred	Symbol, Sprachverwirrung und Verstehen: Psyche 24, Stuttgart 1970
Müller Theophil	Konfirmation - Hochzeit - Taufe - Bestattung, Sinn und Aufgabe der Kasualgottesdienste, Stuttgart / Berlin / Köln / Mainz 1988
Scharfenberg Joachim Ders.	Einführung in die Pastoralpsychologie, Göttingen 1985
u. Kämpfer Horst	Mit Symbolen leben, Olten 1980
Wagner-Rau Ulrike	Zwischen Vaterwelt und Feminismus, Gütersloh 1992

Schriften der Kirche
Kirchenordnung	Kirchenordnung des Evangelisch-reformierten Synodalverbandes Bern-Jura, 1990
Taufliturgie	Liturgie IV, Taufe, hg. im Auftrag der Liturgiekonferenz der Evangelisch-reformierten Kirchen in der Deutschsprachigen Schweiz, 1992